Hermann Sautter

Armut und Reichtum auf Weltebene

und die Grenzen politischer Lösungsversuche

R. BROCKHAUS VERLAG WUPPERTAL

ABCteam

ABCteam-Bücher erscheinen in folgenden Verlagen:
Aussaat Verlag Wuppertal/R. Brockhaus Verlag Wuppertal
Brunnen Verlag Gießen/Bundes-Verlag Witten
Christliches Verlagshaus Stuttgart/Oncken Verlag Wuppertal
Schriftenmissions-Verlag Gladbeck

Umschlaggrafik: Carsten Buschke, Leichlingen 2
Umschlagfotos: Archivfoto und Robert Holder, Urach/Württ.
Gesamtherstellung: Druckhaus Gummersbach, Nusch & Arntz
ISBN 3-417-12311-9

Für meine Eltern

Inhaltsverzeichnis

Vorwort

Die Niederschrift dieses Buches wurde durch zweierlei Erfahrungen angeregt. Die erste entstand aus vielen Gesprächen mit politisch engagierten Christen über die moralische Rechtfertigung unserer Wirtschaftsordnung und unserer Wirtschaftsbeziehungen zu den Entwicklungsländern. Ich habe dabei häufig festgestellt, daß die Gesprächsteilnehmer umso rigoroser bestimmte ethische Prinzipien vertraten, je weniger sie über ökonomische Zusammenhänge Bescheid wußten, und daß umgekehrt die »Fachleute« zu einer gewissen Oberflächlichkeit in ethischen Fragen neigten. Dies hat mich veranlaßt, in diesem Buch verhältnismäßig ausführlich auf ökonomische Fragen einzugehen; man kann m.E. nur dann sachgemäß über ethische Konsequenzen nachdenken, zu denen christlicher Glaube in bestimmten Lebensbereichen führt, wenn man eine Vorstellung von den entsprechenden Sachproblemen hat. Zugleich habe ich zu zeigen versucht, daß es nach christlichem Verständnis unverantwortlich wäre, den Bereich der Wirtschaft irgendwelchen »Eigengesetzlichkeiten« zu überlassen.

Die zweite Erfahrung, die bei der Niederschrift dieses Buches eine Rolle spielte, entstand aus einer Beschäftigung mit dem Amos-Buch während der ökumenischen Bibelwoche 1981/82. Auf den ersten Blick gesehen scheinen sich die Worte dieses Propheten hervorragend für eine biblische Untermauerung moderner Gesellschaftskritik zu eignen. Bei näherem Zusehen entdeckt man dann, daß man sich damit das Verständnis dieses Buches zu leicht gemacht hat. Das Überraschende ist, daß eine gründlichere Amos-Lektüre zu einem tieferen Verständnis politischer und ökonomischer Zusammenhänge beiträgt und daß umgekehrt auch eine kritische Diskussion derartiger Zusammenhänge einen besseren Zugang zu Amos erschließt. Insofern sind in dem vorliegenden Buch die Besinnung auf Amos und die Diskussion ökonomischer und politischer Fragen aufeinander bezogen.

Meiner Familie habe ich zu danken, daß sie damit einverstanden war, daß ein Teil meiner Freizeit durch die Anfertigung des Manuskripts in Anspruch genommen wurde. Frau Christine Meßmer bin ich zu Dank verpflichtet, weil sie in mancher freien Stunde das Manuskript getippt hat. Dem Verlag danke ich für seine Geduld.

Bad Vilbel-Heilsberg — Hermann Sautter

1. Kapitel: Armut und Reichtum als internationales Problem

1.1 Die Armut der Entwicklungsländer

Einer Statistik entnehmen wir, daß etwa 53 % der Weltbevölkerung in *»armen Ländern«* lebt. Diese Länder sind beispielsweise dadurch gekennzeichnet, daß jedes fünfte Kind vor Vollendung des vierten Lebensjahres stirbt, daß ein Arzt im Durchschnitt etwa sechs- bis zehntausend Menschen zu betreuen hat (in der Bundesrepublik sind es etwa fünfhundert), daß die durchschnittliche Lebenserwartung etwa 40-45 Jahre beträgt, daß kaum die Hälfte der Bevölkerung lesen und schreiben kann, daß die tägliche Kalorienversorgung unter dem notwendigen Minimum liegt und daß kaum ein Drittel der Bevölkerung in befriedigender Weise mit Trinkwasser versorgt ist.[1] Das alles sind dürre Zahlenangaben. Welche Lebensbedingungen dahinter stehen können, soll anhand einiger Beispiele veranschaulicht werden.

Als *erstes* Beispiel sei die Situation der Wanderarbeiter in den Zuckerrohrplantagen der *Dominikanischen Republik* erwähnt. Diese Arbeiter kommen aus dem benachbarten Haiti, einem der ärmsten Länder der Welt. Man schätzt, daß jedes Jahr etwa 15 000 bis 20 000 Haitianer legal über die Grenze kommen. Dafür zahlt die Regierung der Dominikanischen Republik ein »Kopfgeld« in die Kasse der Familie Duvalier, die seit Jahrzehnten Haiti beherrscht. Weit größer ist die Zahl der Illegalen, die Jahr für Jahr die Grenze überschreiten. Die dominikanische Seite zahlt zehn Dollar an die haitischen Militärs, wenn diese ein Auge bei der Grenzkontrolle zudrücken, denn mit illegalen Einwanderern kann man alles machen; sie sind völlig rechtlos. Mit Armeefahrzeugen werden sie auf die dominikanischen Zuckerrohrplantagen gefahren und dort zum doppelten Preis an die Plantagenbesitzer »verkauft«. Der Gewinn fließt in die Taschen der dominikanischen Militärs. Auf diesen Plantagen, die hauptsächlich für den Export in die Industrieländer produzieren, leben die Haitianer mit ihren Familien in erbärmlichen Lehmsiedlungen, ohne Licht, ohne Schulen, ohne sanitäre Einrichtungen. Die Frauen und Kinder müssen täglich von weit her Wasser heranschleppen. Die Männer arbeiten während der Zuckerrohrsaison jeden Tag von Sonnenaufgang bis Sonnenuntergang. Dafür bekommen sie etwa DM 6,00 pro Tag.

Sie können sich dafür im Laden des Plantagenbesitzers — zu überhöhten Preisen — gerade das Notwendigste kaufen: Trockenfisch, Kochbananen und hin und wieder ein Ei. Fleisch gibt es so gut wie überhaupt nicht; es ist zu teuer. Die Löhne werden alle zwei Wochen ausgezahlt. Wer einen Vorschuß will, muß hohe Zinsen zahlen. Viele der Haitianer sind bei den Plantagenbesitzern verschuldet. Ihre Stellung ist schlechter als die eines Sklaven. Wenn die Zuckerrohrsaison zu Ende ist, sorgt niemand für sie. Die Kinder, die in diese Umgebung hineingeboren werden, sind zu demselben Kreislauf der Unwissenheit und der Ausbeutung verdammt, in den ihre Eltern zeitlebens eingefügt waren.[2]

Das *zweite* Beispiel bezieht sich auf *Kolumbien*. Im Vergleich zur Dominikanischen Republik oder gar zu Haiti ist dies schon ein weit entwickeltes Land. Aber wer einmal am Stadtrand von Bogota die haßerfüllten Blicke eines Slum-Bewohners zu spüren bekommen hat, der weiß, daß dieses Land weit von einer sozialen Idylle entfernt ist. Warum gibt es so wenig Arbeitsplätze, warum stagniert die industrielle Produktion, weshalb wachsen Hunderttausende von Kindern in unbeschreiblicher Armut auf? Darauf gibt es viele Antworten. Eine dieser Antworten lautet: weil Korruption, organisiertes Verbrechertum und öffentlicher Machtmißbrauch in diesem Land ein beispielloses Ausmaß angenommen haben. Eine sinnvolle Entwicklungspolitik wird dadurch unmöglich. Man schätzt beispielsweise, daß 30 bis 40 % der Exporte auf illegale Lieferungen entfallen. Eine besondere Bedeutung nimmt dabei der Kokain-Handel ein, der von einigen weitverzweigten Banden organisiert wird. Sie beherrschen die Bauern, die Kokasträucher anbauen, und sie bestechen die Polizisten und Militärs, die nichts gesehen haben wollen, wenn ein Flugzeug aus einer heimlich angelegten Urwaldpiste startet und eine Kokain-Ladung in die USA bringt. Die Rauschgift-Mafia macht die Geld- und Währungspolitik dieses Landes zur Farce, denn die Devisenerlöse aus dem Kokain-Export sind nicht kontrollierbar. Sie lassen einen grauen Geldkreislauf entstehen, auf den die Zentralbank keinen Einfluß hat. Diese Mafia hat auch beim Import ihre Hände im Spiel. Unverzolltes Schmuggelgut wird in besonderen Ladenketten angeboten. Selbst elegante Fachgeschäfte in der Hauptstadt führen Schmuggelware. Was kann unter diesen Umständen eine Entwicklungspolitik ausrichten, und sei sie noch so gut gemeint? In diesem Klima der Gewalt und Korruption setzen sich die Stärksten und Skrupellosesten durch. Die Schwachen werden mit Füßen getreten.

Als *drittes* Beispiel sei auf die Verhältnisse der ländlichen Bevölkerung in *Indien* eingegangen. Etwa 70 % der indischen Bevölkerung lebt in den Dörfern. Hier kommt den Kastenunterschieden eine größere Bedeutung zu denn jemals zuvor. Besonders benachteiligt sind die »Unberührbaren«. Sie besitzen im allgemeinen kein Land und müssen sich deshalb als Tagelöhner bei den wohlhabenden Bauern verdingen, die als Mitglieder angesehener Kasten auch die örtliche Polizeigewalt in der Hand haben. Die »Unberührbaren« sind deshalb im wirtschaftlichen wie im rechtlichen Sinne von den reichen Bauern abhängig und werden von diesen ausgenützt. Nicht selten betrachtet die männliche Dorfelite die Frauen der Kastenlosen als Freiwild. Das Schlimmste ist, daß sich die Rechtlosen und Besitzlosen an dieses Milieu der Gewalt und Ausbeutung gewöhnt haben. »Die Leute finden sich mit ihrem Los ab. Gott hat es so gewollt, dagegen darf man nichts tun. Geistige Sklaven, das sind sie, gefesselt durch eine Kette von 3000 Jahren geistiger Sklaverei«, empört sich ein politisch engagierter Inder.[3] Von der politischen Elite des Landes, die in den Städten wohnt und sich wenig um die Dörfer kümmert, ist kaum eine Abhilfe zu erwarten.

Daß »Unterentwicklung« nicht in erster Linie ein finanzielles Problem ist, zeigt ein *viertes* Beispiel. Es bezieht sich auf *Nigeria* als einem Land, das relativ reiche Erdölvorkommen besitzt und deshalb von der Erdöl-Preissteigerung profitieren konnte. Doch der Dollar-Segen scheint eine menschenwürdige Entwicklung in diesem Land in mancher Hinsicht eher behindert als gefördert zu haben. Lesen wir dazu den folgenden Bericht aus der Hauptstadt des Landes: »Die mehrspurigen Straßen, die ins Land hinausführen, stehen am Rande voll mit umgestürzten, ausgebrannten, zurückgelassenen und zum Teil demontierten Fahrzeugen. Händler haben sich aus Motorhauben und anderen Teilen kleine Hütten zusammengestellt, verkaufen Getränke, Reifen und ausgeschlachtete Ersatzteile. Auch auf den Stadtautobahnen, die sich zum Teil auf Stelzen und in großzügiger Trassenführung um den Stadtkern von Lagos legen, werden fahruntüchtige Wagen einfach liegengelassen . . . Waren, die nicht produziert, sondern importiert werden, sind offensichtlich auch schwer zu pflegen. Aber kann sich ein Entwicklungsland wie Nigeria die Wegwerfgebärde fortgeschrittener Industriegesellschaften leisten? Wie soll die soziale Entwicklung überhaupt mit der wirtschaftlichen Schritt halten?«[4] Vieles deutet darauf hin, daß dieses Land seinen finanziellen Reichtum im psychischen, kulturellen und politischen Sinne nicht verkraften kann. Elementare Voraussetzungen einer menschenwürdigen Entwicklung wie Fleiß, Sparsamkeit und Selbstdisziplin werden nicht gefördert, sondern durch das neu erweckte kommerzielle Abenteurertum eher zerstört. Gewiß, viele sind schnell reich geworden. Aber andere haben von diesem Reichtum nichts profitiert; die Situation in der Landwirtschaft hat sich eher verschlechtert. Und was bleibt von dieser Pseudo-Entwicklung, wenn — wie jetzt geschehen — der Ölpreis verfällt oder der Ölstrom einmal versiegt?

Diese vier Beispiele lassen sich beliebig ergänzen. Sie stehen stellvertretend für das schillernde Gesicht der Armut in Entwicklungsländern. Statistiken zur Kindersterblichkeit, zur durchschnittlichen Lebenserwartung oder zum Kalorienverbrauch pro Kopf geben uns davon nur eine unzureichende Vorstellung. Diese Berichte machen zugleich deutlich, daß die *Armut* in Entwicklungsländern *viele Ursachen* hat. Die Fesselung durch eine jahrtausendealte Tradition gehört ebenso dazu wie die Korruption der politischen Führungsschicht, die auf allen Ebenen der Gesellschaft praktizierte Ausbeutung und die Unfähigkeit, die im Außenhandel erzielbaren Gewinne sinnvoll zu verwenden. Bereits an dieser Stelle wird deutlich, daß jede monokausale, also auf nur eine Ursache zurückgehende Erklärung der Armut zu oberflächlich ist und daß deshalb auch jeder Vorschlag zur Überwindung der Armut, der das komplexe Ursachengefüge übersieht, zu kurz greift. Dies gilt für den Vorschlag, die Inder sollten »ihre heiligen Kühe schlachten« genauso wie für die Empfehlung, die Entwicklungsländer sollten auf ihren Außenhandel verzichten. Mit Patentvorschlägen dieser Art ist niemandem geholfen. Wer Kühe schlachtet, schafft dadurch noch kein pflichtbewußtes und unbestechliches Beamtentum, und wer den Außenhandel verbietet, sorgt damit noch längst nicht für eine gerechtere Entlohnung der Tagelöhner in der Landwirtschaft.

Es deutet alles darauf hin, daß sich die *Situation* vieler Entwicklungsländer in den kommenden Jahren eher *noch verschlechtern* als verbessern wird. Das Bevölkerungswachstum in Asien, Afrika und Lateinamerika ist so stark, daß dort bis zur Jahrtausendwende die Zahl der Großstädte sprunghaft steigen wird. Die Verfasser der breit angelegten Studie »Global 2000« schätzen beispielsweise, daß bis zum Jahre 2000 in Kalkutta etwa 20 Millionen Menschen wohnen werden und daß die Bevölkerung von Mexico City auf 32 Mill., von Groß-Bombay auf 19 Mill. und von Groß-Kairo auf 16 Mill. angewachsen sein wird. Es wird weiter geschätzt, daß bis dahin die Einwohnerzahl von 400 Städten die Millionengrenze überschritten haben wird.[5] Es ist kaum vorstellbar, wie die mit diesem Bevölkerungswachstum verbundenen Probleme der Ernährung, Arbeitsbeschaffung, Trinkwasserversorgung usw. gelöst werden sollen. Die Entwicklung treibt auf ein unbeschreibliches Massenelend zu. Die gegenwärtigen Zustände in Kalkutta, wo bereits heute Hunderttausende buchstäblich im Straßendreck leben, vermitteln davon nur eine schwache Vorstellung.

1.2 Der Wohlstand der Industrieländer

Man kann sich kaum einen größeren Gegensatz vorstellen, als den zwischen der Massenarmut in den Entwicklungsländern und dem *Massenwohlstand* in den Industrieländern. Genauer gesagt: es geht um den Wohlstand in den westlichen Industrieländern. Nicht daß die östlichen Industrieländer materiellen Wohlstand verschmähten! Im Gegenteil. Der Wunsch nach einem höheren Lebensstandard ist in den Ostblockstaaten mindestens ebenso stark ausgeprägt wie bei uns, und das erklärte Ziel dieser Länder ist es immer noch, das Wohlstandsniveau des Westens »einzuholen«. Wenn dies bisher nicht erreicht worden ist, dann liegt es weniger an der fehlenden Absicht als an dem fehlenden Vermögen, diese Absicht zu verwirklichen.

In den *westlichen Industrieländern* sind für die große Mehrheit der Bevölkerung die wichtigsten ökonomischen Bedürfnisse längst erfüllt. Die Supermärkte quellen über von einem reichhaltigen Angebot an Lebensmitteln. Nur noch einen Bruchteil seiner Arbeitszeit braucht ein Arbeiter heute einzusetzen, um sich die wichtigsten Grundnahrungsmittel kaufen zu können. Die EG-Staaten haben Mühe, mit ihren Agrarüberschüssen fertig zu werden; sie schrecken auch nicht davor zurück, landwirtschaftliche Produkte für die menschliche Ernährung unbrauchbar zu machen. Nicht zuletzt die Futtermittel-Importe aus Entwicklungsländern haben dazu beigetragen, daß die Produktion von tierischem Eiweiß bei uns in einigen Fällen die Bedarfsgrenze überschritten hat.

Die wirtschaftlichen Aktivitäten wenden sich deshalb immer *ausgefalleneren Produkten* zu, mit denen die verwöhnten Verbraucher zum Kauf angeregt werden können. Im letzten Weihnachtsgeschäft waren beispielsweise Videorecorder der große »Renner«. Auch Kassettenrecorder und Farbfernsehgeräte waren gut gefragt. Viele Haushalte schaffen sich jetzt das Zweitgerät an. (Unser zwölfjähriger Sohn berichtet von Schulkamerden, die ihr eigenes Fernsehgerät im Kinderzimmer stehen haben . . .)

Ungebrochen ist auch das Interesse am *Automobil.* Die letzte Automobilausstellung in Frankfurt/Main konnte beispielsweise den Besucherandrang kaum fassen. Die schnittigen Luxusmodelle wurden am meisten bewundert. Kein Länderspiel, geschweige denn ein Kirchentag lockt so viele Männer an. Energieknappheit, Umweltkrise, Welthunger? Man will sich offenbar den Spaß nicht verderben lassen, und Autofahren macht eben Spaß. Ivan Illich kann noch so beschwörend davon reden, daß die Fortbewegung mit dem Pkw auf's Ganze gesehen mehr Zeit kostet als die Fortbewegung mit dem Fahrrad.[1] Zeitaufwand hin, Kulturkritik her: Das Fahren mit dem Auto macht nun einmal der großen Mehrheit unserer Mitbürger mehr Spaß als das Fahren mit dem Fahrrad, und dafür wird gearbeitet. Darauf gründet sich auch ein großer Teil unserer Wirtschaft. Etwa ein Viertel der westdeutschen Arbeitsplätze ist in irgendeiner Weise von der Automobilindustrie abhängig. Sie ist eine der Säulen unserer Wirtschaft. Das entspricht der Neigung der Bevölkerungsmehrheit. Der Andrang zur Automobilausstellung zeigt es.

Gewiß ist der Massenwohlstand in den westlichen Industrieländern in erster Linie das Produkt der eigenen Arbeitsleistung. Aber man darf nicht übersehen, daß er in seiner jetzigen Form nur aufrechtzuerhalten ist, weil wir uns den größten Teil der *natürlichen Ressourcen* aneignen, die in der Welt abgebaut werden. Von hundert Tonnen Eisenerz, die auf der Welt gewonnen werden, verbrauchen z.B. die westlichen Industrieländer 59 Tonnen und die östlichen Industrieländer 29 Tonnen; für die Entwicklungsländer bleiben 12 Tonnen übrig. Bei vielen anderen mineralischen Rohstoffen ist der Verbrauchsanteil der westlichen Industrieländer noch höher (vgl. die Tabelle auf S.15). Vom gesamten Energieverbrauch der Welt entfielen im Jahre 1979 etwa 70 % auf die westlichen Industrieländer, 28,7 % auf die Ostblockländer und etwa 1,3 % auf die Entwicklungsländer.[2] Dabei sind vor allem die europäischen Länder und Japan auf die Lieferungen aus Entwicklungsländern angewiesen. Der westeuropäische Erdölverbrauch wird beispielsweise zu 86 % durch Lieferungen aus Entwicklungsländern gedeckt.[3] Multinationale Unternehmen, die in den Industrieländern ihren Stammsitz haben, spielen bei diesem Handel mit Rohstoffen und Energie eine entscheidende Rolle.

Aufgliederung des Weltverbrauchs an mineralischen Rohstoffen (Durchschnitt 1971—75)

	Westliche Industrieländer[a)]	Osteuropa[b)]	Entwicklungsländer[c)]
Aluminium	74%	19%	7%
Chromerz	70%	22%	8%
Kupfer	71%	21%	8%
Eisenerz	59%	29%	12%
Mangan	43%	37%	19%
Nickel	72%	26%	2%
Zinn	72%	15%	13%
Zink	67%	23%	10%

a) USA, Westeuropa, Japan, Australien, Kanada, Israel, Neuseeland und Südafrika
b) UdSSR und Osteuropa
c) Afrika, Asien, Lateinamerika

Quelle: Global 2000, S. 462.

Man hat die gegenwärtige Verteilung des Weltverbrauchs an natürlichen Ressourcen mit den Verhältnissen eines »*Welt-Dorfes*« verglichen. Danach verbrauchen von den 100 Einwohnern dieses Dorfes etwa 16 mehr als zwei Drittel (70 %) der verfügbaren Rohstoffe, wogegen sich 14 Dorfbewohner mit etwa 1 % der handelbaren Energieträger und mit etwa 10 % der mineralischen Rohstoffe begnügen müssen. Es sei noch hinzugefügt, daß die reiche Minderheit aus Weißen besteht, die christlich getauft sind, und die arme Mehrheit sich aus Farbigen zusammensetzt, die anderen Religionen angehören oder religionslos sind.

Die große Bedeutung, die Rohstofflieferungen des »Südens« für die Industrie des »Nordens« besitzen, führt zu *politischen* und *militärischen Konsequenzen*. So ist es beispielsweise eines der vordringlichen außenpolitischen Ziele der westlichen (wie auch der östlichen) Industriestaaten gegenüber den Entwicklungsländern, die Sicherung ihrer eigenen Rohstoffbasis zu gewährleisten. Unüberhörbar wird etwa darauf hingewiesen, daß die Offenhaltung des Panama-Kanals von lebenswichtiger Bedeutung für die Wirtschaft der westlichen Welt sei und deshalb verhindert werden müsse, daß in Zentralamerika Regierungen an die Macht kommen, die der traditionellen Verbundenheit zum Westen keinen hohen Stellenwert beimessen. Dieses außenpolitische Interesse hat in der Vergangenheit dazu geführt, daß in Mittelamerika Regimes gestützt wurden, die dringend notwendige Reformmaßnahmen verhindert haben.

Besonders deutlich hat die amerikanische Regierung den Zusammenhang zwischen *Außenpolitik*, *militärischer Stärke* und *Rohstoffinteressen* zum Ausdruck gebracht. Sie hat z.B. erklärt, daß sie in Saudi-Arabien — dem wichtigsten überseeischen Erdöl-Lieferanten der USA — eine ähnliche Entwicklung nicht hinnehmen wird, wie sie im Iran eingetreten ist. Gegebenenfalls werden die USA militärisch intervenieren, um die Erdöl-Ausfuhr Saudi-Arabiens sicherzustellen. Sie nehmen damit natürlich auch deutsche Interessen wahr, und wir wären im Ernstfall auch unmittelbar an einer militärischen Aktion der Amerikaner beteiligt. West-Deutschland wäre das Sprungbrett für die amerikanischen Luftlandetruppen, die in der Golfregion eingesetzt werden. Es ist auch anzunehmen, daß in einem solchen Fall die west-europäischen NATO-Partner höhere Rüstungsanstrengungen auf sich nehmen müßten, um die Amerikaner von ihren europäischen Verpflichtungen zu entlasten.

Es ist deshalb wohl nicht übertrieben, wenn man sagt, daß es das Interesse an einer sicheren Rohstoffbasis ist, das darüber entscheidet, welche politischen Änderungen der Westen in Entwicklungsländern zu tolerieren bereit ist. Nichts anderes gilt für die Ostblockländer, so daß sich der *Ost-West-Gegensatz* unmittelbar auf die *Entwicklungsländer überträgt*. Diese werden zu einem Austragungsort für den Wettkampf zwischen Ost und West um die Ressourcen der Welt.

Fassen wir *zusammen*. Hunger und Überfluß kennzeichnen den Unterschied zwischen Entwicklungs- und Industrieländern. Das eine hat mit dem anderen etwas zu tun. Der »Norden« ist mit dem »Süden« auf vielfältige Weise verflochten. Multinationale Unternehmen, die in den Industrieländern beheimatet sind, spielen beispielsweise eine wichtige Rolle im Rohstoff-Export der Entwicklungsländer in den industriellen »Norden«. Durch zahlreiche Handelsverträge und Währungsabkommen sind die Entwicklungsländer in eine Weltwirtschaft integriert, in der die entwickelten westlichen Länder weitgehend den Ton angeben. Mit diplomatischen, wirtschaftlichen und militärischen Mitteln versuchen die Industrieländer, die politischen Vorgänge in den Entwicklungsländern in ihrem Sinne zu beeinflussen. Gehen alle diese Verflechtungen und Einflußnahmen so weit, daß der »Süden« zum Opfer des habgierigen »Nordens« wird? Ist die Armut des Südens die Konsequenz unseres Reichtums? Verdanken wir unseren Wohlstand einer Ausbeutung auf Weltebene?

Viele Christen sehen es so.[4] Für sie entspricht die heutige *Kluft zwischen Elend und Überfluß* im Weltmaßstab dem Unterschied zwischen Arm und Reich, mit dem es etwa der alttestamentliche Prophet *Amos* zu tun hatte. Unter Berufung auf ihn sehen sie sich herausgefordert, mit unerbittlicher Schärfe das Unrecht einer weltweiten Ausbeutung anzuprangern. Protest gegen soziale Ungerechtigkeit im Namen Gottes — das scheint für viele politisch engagierte Christen die aktuelle Botschaft dieses Propheten zu sein. Es lohnt sich, ihn etwas näher kennenzulernen.

1.3 Amos — Protest im Namen Gottes?

Amos war ein Rinderhirte und Maulbeerfeigenzüchter, der nach seiner eigenen Aussage von Gott zum Propheten bestimmt worden war (Amos 7,14-15). Er ist der *älteste Schriftprophet* des Alten Testamentes. Gelebt hat er wahrscheinlich um das Jahr 760 v.Chr. Was er u.a. vorfand, war ein allgemeiner Verfall der Rechtsordnung in Israel, eine Konzentration des Reichtums in den Händen einer städtischen Oberschicht, die Verarmung von Kleinbauern und deren Ausbeutung durch gerissene Händler. Überfluß auf der einen, bittere Armut auf der anderen Seite waren also Kennzeichen der Gesellschaft seiner Zeit.[1]

Amos tritt vor die Händler und die Besitzenden mit folgenden Worten:

> »Höret dies, die ihr den Bedürftigen tretet und die Bedrückten im Lande beseitigt, die ihr sagt: wann ist der Neumond vorüber, daß wir Getreide verkaufen können, und der Sabbat, daß wir Korn anbieten können und den Abfall vom Korn verkaufen, daß wir das Hohlmaß verkleinern und den Gewichtstein vergrößern und mit falscher Waage betrügen, daß wir für Geld die Hilflosen kaufen und die Bedürftigen für ein paar Sandalen? Geschworen hat Jahwe beim Stolz Jakobs: niemals vergesse ich alle ihre Taten« (Amos 8,4ff.).[2]

»Weh denen, die Recht in Wermut verwandeln und Gerechtigkeit zu Boden stoßen ... Darum: weil ihr Pachtzins von Hilflosen erpreßt und Kornsteuer von ihnen nehmt: Quadersteinhäuser habt ihr gebaut, doch wohnen werdet ihr nicht darin. Prächtige Weingärten habt ihr gepflanzt, doch trinken werdet ihr nicht ihren Wein« (Amos 5,7.11).

Schonungslos offen spricht dieser Mann. Er nennt die Mißstände deutlich beim Namen: Maße werden verfälscht, Arme um den gerechten Lohn betrogen, Bauern in Schuldsklaverei genommen und Richter bestochen. Mit dem Gewinn baut sich die vornehme Oberschicht luxuriöse Häuser, kauft sich die besten Weine und die teuersten Parfums (Amos 6,1.4). Gibt es dazu nicht genügend zeitgenössische Parallelen?

Nach Ansicht vieler Christen enthält die *heutige Weltwirtschaft* die *gleiche Art* von *Ungerechtigkeiten* und Mißständen, die Amos damals in den überschaubaren Verhältnissen Israels vor Augen hatte. J.A. Nelson[3] sieht beispielsweise folgende moderne Entsprechungen zur Zeit des Propheten:

— Ausbeutung der notleidenden Landbevölkerung durch die städtische Oberschicht: Ausbeutung der Entwicklungsländer durch die Industrieländer;
— Preisverfälschung durch die israelische Händlerschicht: monopolistische Preispolitik durch multinationale Konzerne zum Nachteil der Dritten Welt;
— Schuldsklaverei verarmter Bauern: Auslandsverschuldung und Auslandsabhängigkeit der Entwicklungsländer;
— Aneignung des Bodens durch die politische und wirtschaftliche Elite: Aneignung der natürlichen Ressourcen in den Entwicklungsländern durch die Industrieländer;
— Hunger als Folge sozialer Ungerechtigkeit: die Armut der Entwicklungsländer als Folge ungerechter Wirtschaftsstrukturen.

Es ist naheliegend, wenn dann die Verhältnisse der heutigen Weltwirtschaft mit derselben Schärfe angeprangert werden, mit der Amos die Verhältnisse seiner Zeit anklagt. Ermutigt uns dieser Prophet nicht, gegen soziale Ungerechtigkeiten *im Namen Gottes zu protestieren?* Fordert er nicht geradezu heraus zu einem solchen Protest? Darf es dann beim Protest bleiben, muß nicht vielmehr die entschlossene Aktion zur Beseitigung dieser Ungerechtigkeiten folgen?

Von dieser Frage ausgehend ist es nur ein kleiner Schritt zur Forderung nach einem *revolutionären Engagement* der Christen. Da die Bibel nicht unmittelbar zu den Strukturen der modernen Weltwirtschaft Stellung nimmt, haben Christen sich Denkhilfen bei denjenigen geholt, die eine revolutionäre Umgestaltung ungerechter Strukturen seit langem auf ihre Fahnen geschrieben haben: den Marxisten. Einige Christen gehen noch weiter. Sie machen der christlichen Gemeinde die Beschäftigung mit dem Marxismus zur Pflicht, weil die Gemeinde anders ihre weltgeschichtliche Sendung nicht wahrzunehmen vermöge: »historisch-materialistische Geschichtsbetrachtung und Gesellschaftskritik sind für ihre (d.h. der Jünger-Gemeinde, H.S.) stets nötige Selbstbefreiung unentbehrliche Instrumente«, schreibt Helmut Gollwitzer.[4] Nur die marxistische Klassenanalyse ermögliche es, den wahren Zusammenhang zwischen Überfluß und Armut auf Weltebene zu begreifen, und deshalb könnten auch nur vom Marxismus die richtigen Handlungsanleitungen erwartet werden.

Christen werden also herausgefordert, um der Treue zu ihrem Auftrag willen vom Marxismus zu lernen. Wir können diese Aufforderung nicht einfach übergehen. Deshalb wollen wir uns im nächsten Kapitel ausführlich mit dem revolutionären *Marxismus* befassen. Anders, als es im allgemeinen üblich ist, werden wir ihn dabei nicht als ein System der Kritik am Kapitalismus darstellen. Wer ihn so versteht, geht meistens von der unausgesprochenen Prämisse aus, daß sich kraft dialektischer Gesetzmäßigkeiten der Weg zum Neuen durch die Kritik des Alten von selbst erschließe. Dies ist ein Irrglaube. Wer eine neue Welt schaffen will — und nicht weniger will der revolutionäre Marxismus — muß wissen, wie sie aussehen soll und wie der Weg dorthin verläuft. Dann weiß er auch, was an der alten Welt verändert und eventuell zerstört werden muß. Die Frage nach Ziel und Verlauf des revolutionären Weges entspricht einem verantwortlichen Umgang mit der marxistischen Utopie; ein blindgläubiger Umgang mit dieser Utopie wäre es, wenn man sich mit der Zerstörung der alten Welt begnügte im Vertrauen darauf, daß aus ihren Trümmern von selbst die neue erwachse. Wir werden deshalb im Abschnitt 2.1 zunächst nach dem Inhalt der marxistischen Utopie fragen und anschließend (2.2) diejenigen Teile dieser Utopie herausgreifen, die in einen Auftrag zum menschlichen Handeln umgesetzt werden können. Im Abschnitt 2.3 können wir uns dann der Frage zuwenden, inwieweit Christen dieser Handlungsanleitung folgen sollen und folgen können.

Nicht nur die Apologeten einer revolutionär-marxistischen Systemüberwindung versprechen eine Lösung des weltweiten Armutsproblems. Dasselbe verheißen uns auch die Anwälte einer *liberal-kapitalistischen System-Erneuerung*, und auch sie fordern gerade die christliche Gemeinde zu einem entschlossenen Engagement auf. Wir werden uns im 3. Kapitel damit beschäftigen und auch hier zunächst nach dem Inhalt der kapitalistischen Utopie fragen (3.1), anschließend auf die Probleme zu sprechen kommen, die sich aus ihrer Umsetzung in die Praxis ergeben (3.2) und schließlich die Frage aufgreifen, inwieweit Christen der kapitalistischen Handlungsanleitung folgen können. In einer ähnlichen Dreigliederung werden wir im 4. Kapitel über die Konzeption einer *demokratischen System-Reform* sprechen, deren Ziel es ist, die »soziale Frage des 20. Jahrhunderts«, als die man die Entwicklungsländer-Problematik bezeichnet hat, zu lösen. Mit dieser ausführlichen Diskussion polit-ökonomischer Probleme nehmen wir diejenigen ernst, die meinen, Christen seien heute nicht nur zur Diakonie herausgefordert, sondern auch zum politischen Handeln.

Nach dieser Diskussion kommen wir im 5. Kapitel auf *Amos* zurück, der den Anstoß zu unseren politischen Überlegungen gegeben hat. Die kritische Frage nach den Möglichkeiten politischen Handelns, die uns in den Kapiteln 2-4 begleitet, wird uns ein anderes Verständnis des Amos-Buches eröffnen, als wir es bisher angedeutet haben. Es wird sich zeigen, daß man diesen Propheten völlig falsch versteht, wenn man ihn für eine zeitgenössische Gesellschaftskritik vereinnahmt. Das Wesentliche seiner Botschaft ist gerade nicht der Protest gegen die sozialen Ungerechtigkeiten im Namen Gottes. Doch der Zugang zu seiner Botschaft ist nicht einfach. Wir müssen uns schon zunächst die Mühe machen, die Pfade gedanklich zu Ende zu gehen, die von denjenigen aufgezeigt werden, die aus seinem Wort die Aufforderung zu politischem Handeln herauslesen.

2. Kapitel: Die marxistische Verheißung

2.1 Die Utopie des revolutionären Marxismus

Eigentlich wollte *Karl Marx* nichts weniger als eine Utopie entwerfen. Streng wissenschaftlich sollte sein Gedankensystem sein, nicht utopisch. Für die frühen »utopischen« Sozialisten hatte er bitteren Spott übrig, weil sie nach seiner Meinung zwar das Wünschenswerte ausmalten, aber keine exakte Theorie liefern konnten. Es ist nicht ohne Ironie, daß dann in der Wirkungsgeschichte des Marxismus die utopischen Elemente des Marxschen Denkens die größte Durchschlagskraft besaßen. Bis heute ist es das »Hinausschreiten« über die erfahrbare Wirklichkeit im Entwurf einer kommenden Welt der Gerechtigkeit — nach Tillich typisches Kennzeichen utopischen Denkens[1] — das Marx für viele so attraktiv macht. Dabei besteht der besondere Reiz seines Denkens in der einmaligen Mischung zwischen einer gran-diosen Geschichtsphilosophie und einer nüchternen nationalökonomischen Theorie.

Diese Philosophie besitzt einen *globalen Horizont*. Einzelne Länder oder die Beziehungen zwischen diesen Ländern kommen dabei nur insoweit vor, als sie die Wirksamkeit universaler Gesetzmäßigkeiten erkennen lassen. Dies gilt auch für die Beziehungen zwischen wirtschaftlich entwickelten und wirtschaftlich unentwickelten Regionen der Welt. Sie wurden erst durch R. Hilferding, R. Luxemburg und W. Lenin zu einem bevorzugten Gegenstand marxistischer Analyse gemacht, wobei der Rahmen der Marxschen Geschichtsphilosophie nicht verlassen wurde.

Die große Spannweite des Marxschen Ansatzes wird nur verständlich, wenn man den *Hegelschen Hintergrund* der marxistischen Philosophie im Auge behält.[2] Marx rühmt sich bekanntlich, das Hegelsche System »vom Kopf auf die Füße gestellt« zu haben; an dessen Struktur hat er dadurch nichts geändert und sie für seine eigene Geschichtskonzeption übernommen. Folgen wir ihr, dann können wir von einem dialektischen Bewegungsgesetz sprechen, das nach der »Negation« eines ursprünglichen, harmonischen Gesellschaftszustandes durch sich verschärfende gesellschaftliche Widersprüche schließlich zur »Negation der Negation« und damit zur »Aufhebung« aller Widersprüche vorangegangener Geschichtsepochen führt. Treibende Kraft dieser Bewegung ist die Entfaltung der Produktivkräfte, die in periodischen Abständen in Konflikt mit den »Produktionsverhältnissen« (Eigentumsverhältnissen, Gesellschaftsstrukturen) gerät.

Im *einzelnen* enthält diese Geschichtsphilosophie folgende Elemente.[3] In einem *Urzustand* der Menschheit waren die Produktivkräfte noch unentwickelt. Der Mensch war deshalb noch nicht der Natur mächtig, sondern harmonisch in sie eingebettet. Er lebte noch ganz im »Reich der Notwendigkeiten«, die von der Natur und vom eigenen Überlebenswillen vorgezeichnet waren. In dieser Urform der Gesellschaft gab es kein Privateigentum, keine »Warenproduktion« für anonyme Märkte und deshalb auch keine Ausbeutung. Karl Marx war sehr sparsam mit seinen Bemerkungen über diesen Urzustand. Er wollte auf keinen Fall in eine Reihe mit romantischen, rückwärts gerichteten Utopisten gestellt werden. Nichtsdestoweniger stellt die Idee der Urgesellschaft, in der der Mensch in einer unentwickelten Weise noch ganz er selbst war, ein konstitutives Element des Marxschen Systems dar. Marx wollte dadurch nämlich nachweisen, daß die Institution des Privateigentums als einem »Grundübel« der Menschheit keiner zeitlosen gesellschaftlichen Notwendigkeit entspricht — wie viele seiner Kritiker behaupteten —, sondern daß sie sich erst allmählich herausgebildet hat und deshalb auch wieder aufgehoben werden kann.

Die Menschheitsentwicklung stellt über die Jahrtausende hinweg die *»Negation«* dieser *Urgesellschaft* dar. Die Produktivkräfte entwickeln sich und lassen dabei bestimmte Klassenverhältnisse entstehen: die Handmühle bedingt die Sklavenhalter-Gesellschaft, die Dampfmühle den Feudalismus, die Manufaktur den Kapitalismus, wie Marx sagt. Wo diese Klassenverhältnisse zur Fessel der sich entfaltenden Produktivkräfte werden, kommt es zu Klassenkämpfen. Mit dialektischer Notwendigkeit siegt dabei jeweils diejenige Klasse, die die Menschheitsentwicklung weiter voran treibt. So hat beispielsweise die bürgerliche Revolution das Feudalsystem zerstört und damit den Aufschwung der industriellen Produktionsweise ermöglicht, die Marx als eine wichtige menschliche Errungenschaft sieht. Zugleich wurden damit die Klassengegensätze verschärft. Das Nebeneinander von Produktivitätsentwicklung und sich verschärfenden Klassengegensätzen stellt also das Charakteristikum dieser Geschichte der »Negation« dar. Die Höherentwicklung der Produktivkräfte ermöglicht zwar einerseits eine zunehmende Naturbeherrschung, sie führt aber andererseits zu einer wachsenden »Entfremdung« des Menschen, denn er produziert jetzt nicht mehr für seinen eigenen Bedarf, sondern in einer arbeitsteiligen Wirtschaft für anonyme Märkte, die ihm als etwas Fremdes gegenübertreten und Macht über ihn gewinnen. Einerseits ist die Ausformung des Privateigentums und die marktmäßige Organisation der Arbeitsteilung die Voraussetzung für den Produktivitätsaufschwung und damit für eine Emanzipation des Menschen aus seiner Naturverhaftung, andererseits sind gerade dies die Ursachen für einen fortschreitenden Verlust der Menschenwürde.

Im *Kapitalismus* wird der Tiefpunkt der Entfremdung erreicht, während zugleich die Produktivitätsentwicklung auf eine vorher nie gekannte Höhe steigt. Prinzipiell besitzt der Mensch jetzt die Chance, der Natur als freier Schöpfer gegenüberzutreten und damit das »Reich der Notwendigkeiten« zu verlassen. Für die proletarischen Massen ist dies jedoch unmöglich. Sie haben jede menschliche Freiheit eingebüßt und sind völlig abhängig vom Privateigentümer der Produktionsmittel, dem Kapitalisten. Dieser wiederum steht unter dem Druck unbarmherziger Gesetze des Wettbewerbs. Sie zwingen ihn zu einer stetigen Verbesserung der Kapitalverwertung, die er durch eine wachsende Ausbeutung des Proletariats zu erreichen versucht. Nicht die »wahren menschlichen Bedürfnisse«, sondern das Diktat der Kapitalverwertungsinteressen lenkt die Produktion. Menschliche Fähigkeiten, die dabei nicht unmittelbar verwertbar sind, verkümmern. Im Proletarier wird somit der Mensch mehr und mehr seiner besten Fähigkeiten beraubt. Zugleich wächst seine materielle Not, während die Kapitalbesitzer über immer größere Produktionsmittel verfügen. Dadurch entsteht aber ein innerer Widerspruch des kapitalistischen Systems. Durch die Verarmung des Proletariats fehlt es nämlich an kaufkräftiger Nachfrage, so daß die Produktionsanlagen nicht mehr ausgelastet werden können. Das Kapital kann nicht mehr »verwertet« werden; das kapitalistische System droht zusammenzubrechen.

Hier ist nun der geschichtliche Ort, an dem die *»unterentwickelten« Regionen der Welt* ins Blickfeld der marxistischen Analyse treten. Diese Regionen stellen potentielle Absatzmärkte für die kapitalistischen Zentren dar. Die Kapitalisten haben deshalb ein lebhaftes Interesse daran, diese Märkte zu erschließen. Der Zusammenbruch des Systems läßt sich dadurch hinauszögern. Die nationale Ausbeutung in den kapitalistischen Ländern wird somit durch die internationale Ausbeutung ergänzt. Militärische Eroberungen, erzwungene Handelsverträge, gezielte Investitionen zur Entwicklung des

Außenhandels-Sektors sind einige der Methoden, mit denen die überseeischen Gebiete in das kapitalistische System eingegliedert und ihm dienstbar gemacht werden. Der dafür zu zahlende Preis ist hoch. Ganze Kulturen werden auf diese Weise vernichtet, intakte Sozialstrukturen aufgelöst, die Entwicklungsbedingungen der unterworfenen Völker unwiderruflich zerstört. Die »kapitalistische Revolution« macht vor keiner kulturellen Tradition und keiner religiösen Bindung halt. Eine »Ausbeutung« im Weltmaßstab stellt die letzte Phase der kapitalistischen Entwicklung dar.

Doch die Widersprüche des kapitalistischen Systems lassen sich auf die Dauer nicht verdecken. Die Absatzkrisen verschärfen sich, die Klassengegensätze spitzen sich zu (und zwar national wie international), die Diskrepanz zwischen technischen Möglichkeiten und gesellschaftlichen Beschränkungen vergrößert sich. Es entspricht der dialektischen Gesetzmäßigkeit, die aller bisherigen Geschichte zugrunde lag, wenn es schließlich zur *Aufhebung* dieser *Widersprüche* in einem revolutionären Kampf des Proletariats kommt, in dem die Kapitalistenklasse entmachtet wird. Das Proletariat wird damit zum Vollstrecker des dialektischen Bewegungsgesetzes der Menschheitsgeschichte. Indem es die Macht ergreift und die »Expropriateure expropriiert«, d.h. die »Ausbeuterklasse« enteignet, vollzieht es die »Negation der Negation« des Menschen. Der Mensch kommt wieder zu sich selbst, er kann wieder seinem Wesen gemäß leben. Die Geschichte der Entfremdung ist zu Ende. Anders als im gesellschaftlichen Urzustand sind jetzt aber die Produktivkräfte so weit entwickelt, daß der Mensch aus dem »Reich der Notwendigkeiten« in das »Reich der Freiheit« hinübertreten kann. Er kann frei wählen zwischen verschiedenen Lebensmöglichkeiten und steht nicht mehr unter dem Zwang der Not. In Freiheit sucht er jetzt ein neues, harmonisches Verhältnis zur Natur.

Marx war wiederum sehr sparsam mit seinen Bemerkungen über diese *Endphase* der Geschichte, die nach seiner Meinung keineswegs einen Stillstand bedeutet, sondern im Gegenteil eine harmonische, von »antagonistischen Widersprüchen« freie Weiterentwicklung ermöglicht; er wollte auf keinen Fall als »Utopist« gelten. In seinem Gesamtwerk gibt es aber verstreute Hinweise auf einige Merkmale dieser neuen Gesellschaft. Eines davon besteht in der Aufhebung des Privateigentums an Produktionsmitteln. Damit wird die Ausbeutung des arbeitenden Menschen unmöglich gemacht. Befreit von den Beschränkungen des kapitalistischen Systems erfahren jetzt auch die

Produktivkräfte einen ungeahnten Aufschwung. Die materielle Not der arbeitenden Menschen gehört deshalb der Vergangenheit an. Individuelle — und wir können ergänzen: internationale — Wohlstandsunterschiede spielen keine Rolle mehr. Ferner verliert die Arbeitsteilung ihre einengende Wirkung. Der Mensch beginnt wieder, alle seine schöpferischen Fähigkeiten zu entfalten, und er kann dadurch auch wechselnde Tätigkeiten ausüben: »heute dies, morgen jenes tun, morgens jagen, nachmittags fischen, abends Viehzucht treiben, nach dem Essen kritisieren, wozu er gerade Lust hat; ohne je Jäger, Fischer, Hirt oder Kritiker zu werden«, wie es bei Karl Marx in der »Deutschen Ideologie« heißt.[4] Ebenso wird die »Anarchie der Märkte« überwunden. Die gesellschaftliche Produktion wird jetzt rational geplant; sie dient der Befriedigung der menschlichen Bedürfnisse und nicht mehr den Profit-Interessen der Kapitalisten. Zwar wird für eine Übergangszeit eine Diktatur des Proletariats erforderlich sein, um allen Widerstand der Kapitalistenklasse zu brechen. Aber mit der Beseitigung der Klassengegensätze entfällt auch die Notwendigkeit eines Staatsapparates, dessen Funktion es war, die Herrschaft der Kapitalistenklasse zu sichern. Die Solidarität der Arbeiter sorgt schließlich dafür, daß »im Gegensatz zur alten Gesellschaft mit ihrem ökonomischen Elend und ihrem politischen Wahnwitz eine neue Gesellschaft entsteht, deren internationales Prinzip der Friede sein wird, weil bei jeder Nation dasselbe Prinzip herrscht — die Arbeit«.[5]

Es ist sehr wichtig, daß man sich vor Augen hält, daß alle diese Entwicklungen nach Meinung von Karl Marx mit *dialektischer Notwendigkeit* eintreten werden. Es ist nach seiner Meinung die reale Dialektik der Geschichte, die gesellschaftliche Antagonismen entstehen läßt und damit die Menschheitsentwicklung überhaupt erst in Gang setzt. Sie ist es, die diese Gegensätze schließlich auf die Spitze treibt, damit sie sich in einem revolutionären Akt entladen können und sich damit gegenseitig aufheben. Eigentlich ist es nicht das Proletariat, das diese Aufhebung leistet. Daß es durch seine Aktion geschieht, ist — wenn man einen Hegelschen Gedanken abwandeln will — nur eine »List der Geschichte«. Das heißt natürlich nicht, daß es auf das Proletariat nicht ankäme. Seine revolutionäre Tat mit allen darauf folgenden politischen Aktionen (völlige Liquidierung des Privateigentums an Produktionsmitteln, Beseitigung der »Anarchie der Märkte« usw.) ist ein notwendiger Bestandteil des dialektischen Prozesses, aber eben dessen *Bestandteil.* Losgelöst davon fehlt jeder revolutionären Aktion die eigentliche, menschheitsbefreiende Dimension. Man kann einen theologischen Begriff anwenden, um dieses Verhältnis zwischen menschlicher Tat und dialektischer Notwendigkeit zu beschreiben: fehlt es am »kairos« der realen Dialektik (d.h. der »Gnadenstunde« ausgereifter universal-geschichtlicher Antagonismen), dann verliert das revolutionäre Handeln seinen eigentlichen Sinn. Nur im »kairos« der Geschichte vollzieht sich mit der Erhebung des Proletariats die »Negation der Negation« des Menschen, die Aufhebung aller Entfremdung und die Wiederherstellung wahrer Menschenwürde; nur in diesem Fall ist zu erwarten, daß mit der Aufhebung des Privateigentums alle Ausbeutung ein Ende haben wird.

2.2 Die marxistische Utopie als Handlungsanleitung

Es entspricht einem schlichten Gebot der intellektuellen Redlichkeit, wenn man feststellt, daß keine der bisherigen sozialistischen Revolutionen im realdialektischen »kairos« stattgefunden hat. Es wird auch künftig keine solche Revolution geben können. Der Grund dafür ist einfach: die menschheitsbefreiende »Bewegung des Seins nach dem inneren Gesetz der Schaffung, Entwicklung und Aufhebung von Widersprüchen«[1] ist das gedankliche Konstrukt eines Hegel-Schülers und kein realer geschichtlicher Vorgang. Daran ändern auch die zahllosen marxistischen Versuche nichts, die Realität immer wieder im Lichte der Marxschen Geschichtsphilosophie zu interpretieren und damit die »Unwiderlegbarkeit« dieser Philosophie aufzuzeigen. Wenn es aber keine realgeschichtliche, menschheitserlösende Dialektik gibt, dann kann es auch *keinen »kairos«* geben, der dem revolutionären Handeln seine tiefste Rechtfertigung verleiht.

Das hat die Initiatoren der bisher durchgeführten sozialistischen Revolutionen nicht von ihren Vorhaben abgehalten, und es wird vermutlich auch künftig Revolutionäre nicht daran hindern, sich bei ihren Aktionen auf Marx zu berufen. Im Gegenteil: aus seinen Verheißungen ziehen sie die Kraft für ihr Handeln. Die spekulative Geschichtsphilosophie Marxens gewinnt dadurch die Funktion einer *Utopie*, die Funktion nämlich, gegenwärtiges Handeln im Blick auf eine ideale Zukunft hin zu motivieren. Ja, diese Philosophie selbst wird zur Utopie, d.h. zum Entwurf einer idealen, erstrebenswerten und anstrebbaren Zukunft. Nur nebenbei sei bemerkt, daß damit der Umgang mit dem Marxschen Denkgebäude einem »Entfremdungsvorgang« gleichkommt, sofern man das ursprüngliche Entfremdungskriterium der linken Hegel-Schule zugrunde legt: der Mensch unterwirft sich dem Produkt seines eigenen Kopfes, als sei es ein von seinem Denken unabhängiges, fremdes Wesen;[2] er räumt dem utopischen Produkt seiner Vorstellungswelt die Macht über sein eigenes Handeln ein.

Verstehen wir die Marxsche Utopie als *Anleitung zum revolutionären Handeln*, so werden folgende Aktionen vordringlich:

a) die Entmachtung der Kapitalistenklasse durch das Proletariat,
b) die Beseitigung des Privateigentums an Produktionsmitteln,
c) die Angleichung der materiellen Lebensbedingungen,
d) die Ersetzung der »Anarchie der Märkte« durch eine »planvolle« Lenkung der gesellschaftlichen Produktion.

Im Werk von Karl Marx finden sich zahlreiche Hinweise darauf, daß dies wesentliche *Merkmale der revolutionären Umgestaltung* des Kapitalismus sind, und in den Programmen aller marxistischen Parteien stehen diese Forderungen seit jeher obenan. Mit der Verwirklichung dieser Forderungen ergeben sich aber neue Probleme. Es kann nicht erwartet werden, daß sie durch irgendwelche dialektischen Gesetzmäßigkeiten gelöst werden. Fehlt die von Marx gesehene Verankerung aller revolutionären Aktionen im »Bewegungsgesetz des realen Seins«, so ist nicht einmal sichergestellt, daß mit der Verwirklichung dieser Forderungen mehr Gerechtigkeit, mehr Freiheit und mehr Menschenwürde möglich sind. Was damit erreicht werden kann, hängt ganz von den jeweiligen Absichten und Fähigkeiten der Revolutionäre sowie den konkreten historischen Bedingungen ab, unter denen sie tätig werden. Es ist nichts damit gewonnen, wenn man in dieser Hinsicht irgend etwas idealisiert. Werden Christen zu einem verantwortungsbewußten Engagement für den revolutionären Sozialismus aufgefordert — und eine solche Aufforderung haben wir im Abschnitt 1.3 kennengelernt —, müssen sie sich vielmehr nüchtern über die Probleme klarwerden, die einer Verwirklichung der genannten Forderungen immanent sind. Wir wollen das im folgenden tun und uns auf einige wesentliche Punkte beschränken.

Zu a) Die Entmachtung der Kapitalistenklasse durch das Proletariat

Karl Marx war der Meinung,daß der Kapitalismus letztlich nicht auf evolutionärem Wege überwunden werden könne, sondern daß dazu in der Regel eine Revolution notwendig sei. Die Arbeiterklasse müsse unter bewußter Durchbrechung der von den Kapitalisten erlassenen »politischen Spielregeln« die Macht an sich reißen. Die Beachtung dieser Spielregeln diene nur der Aufrechterhaltung und Verschleierung kapitalistischer Klassenherrschaft. Bei diesem revolutionären Kampf brauche das Proletariat eine *intellektuelle Führung*. Anders könne es sich seiner weltgeschichtlichen Mission nicht bewußt werden.

Ist der Umsturz erst einmal vollzogen, dann ist es natürlich widersinnig, wenn dessen intellektuelle Spitzenakteure nicht auch die *nachrevolutionäre Regierungsverantwortung* übernehmen. Nur auf diese Weise können sie die Errungenschaften der Revolution sichern. Solange nicht jeder konterrevolutionäre Widerstand im Innern erloschen ist (und als »konterrevolutionär« kann jeder Widerstand gegen die revolutionäre Elite gelten), wird dabei eine autoritäre Machtausübung unerläßlich sein. Die neue politische Elite wird also an einem uneingeschränkten Machtmonopol festhalten wollen, und sie wird dabei stets bestrebt sein, sich durch die Berufung auf ihren revolutionären Auftrag ein gutes Gewissen bei ihrer Machtausübung zu verschaffen. Es ist schwer vorstellbar, wie sich auf dieser Grundlage eine pluralistische Demokratie entwickeln kann. Klassengegensätze kann es ja, da man den erreichten Zustand als »nach-revolutionär« interpretiert, nicht mehr geben. Insofern entfällt auch die Veranlassung, einen Wettbewerb zwischen alternativen politischen Gruppen um die Regierungsverantwortung zuzulassen, d.h. also das, was man eine pluralistische Demokratie nennt.

Vielleicht waren es diese Erkenntnisse, die G. Nenning dazu bewogen haben, nicht die revolutionäre Überwindung des Kapitalismus, sondern dessen *»revolutionär-reformerische« Überwindung* zu fordern: »Reformen *oder* Revolutionen — das ist keine Alternative für Sozialisten. Reformen *statt* Revolution — das ist eine Freude der Kapitalisten. Reformen *und* Revolution — das ist eine sozialistische Lösung.«[3] Die Devise »Reform und Revolution« ist aber eine außerordentlich *schillernde politische Formel;* ihre Anwendung ist mit hoher Wahrscheinlichkeit geeignet, sowohl Reformen als auch Revolutionen zu verhindern. Unter den Voraussetzungen einer repräsentativen Demokratie ist nämlich die Durchführung einer Reformpolitik gleichbedeutend mit der Teilnahme am politischen Kampf unter der Respektierung demokratischer Spielregeln. Eine der Reformpolitik verpflichtete Partei muß beispielsweise Mehrheitsentscheidungen auch dann akzeptieren, wenn sie ihren eigenen Zielen zuwiderlaufen, und sie muß die Einhaltung von verfassungsmäßigen Normen über die Verwirklichung des eigenen politischen Programms stellen. Sofern sich diese Partei zugleich als revolutionäre Kraft versteht, wird sie aber solche Spielregeln durchbrechen wollen. Kann sie z.B. ein Verfassungsgerichts-Urteil einfach hinnehmen, wenn es nach ihrer Meinung eine reaktionäre Politik legitimiert? Wird sie nicht zu Aufmärschen, Generalstreiks, Demonstrationen usw. ermutigen müssen, um damit politischen Druck auf die Gerichte auszuüben? Läßt jedoch auf diese Weise eine Partei Zweifel daran aufkommen, ob sie wirklich die demokratischen Spielregeln einzuhalten gewillt ist, wird sie kaum Erfolgsaussichten bei demokratischen Wahlen haben. Jeder Wähler müßte befürchten, daß eine Mehrheitsentscheidung für diese Partei die letzte demokratische Entscheidung überhaupt ist, zu der er aufgerufen wird. Folglich wird eine solche Partei auch kaum Chancen haben, eine konsequente Reformpolitik zu betreiben. Sie hindert sich durch ihre unklare Haltung also selbst daran, ihrem Reformanspruch gerecht zu werden. Zugleich erschwert sie wahrscheinlich auch einen revolutionären Wandel, denn indem sie halbherzig taktiert und nicht entschlossen zuschlägt, gibt sie dem politischen Gegner die Möglichkeit, sich zu sammeln und seine Verteidigungsbastionen auszubauen.

Es gibt ein erschütterndes geschichtliches *Beispiel* für den Mißerfolg einer »revolutionär-reformerischen« Strategie: die Regierung der »unidad popular« in *Chile*. Die Koalition, mit der Salvador Allende regierte, verabschiedete mit ihrer Parlamentsmehrheit bestimmte Reformgesetze. Einige dieser Gesetze wurden vom Verfassungsgerichtshof für ungültig erklärt. Der revolutionäre Flügel der Regierungskoalition forderte daraufhin die Regierung zur offenen Mißachtung des Richterspruchs auf. Der »revolutionäre Kampf« war für diesen Flügel wichtiger als die Beachtung demokratischer Spielregeln. Diese und ähnliche Aktionen erschütterten aber die Vertrauenswürdigkeit der Regierung. Sie wurde auf diese Weise unfähig, ihr eigenes Reformprogramm zügig durchzuführen, während gleichzeitig die Erwartungen, die sie geweckt hatte, immer stärker auf eine Erfüllung drängten. Es kam zu einer zunehmenden Konfrontation, zum Verfall des demokratischen Systems und zur akuten Bürgerkriegsgefahr, die schließlich das Militär auf den Plan rief. Am Ende gab es weder Reformen noch eine Revolution. Natürlich haben zum Scheitern dieser Politik noch viele andere Faktoren beigetragen. Aber die Befürworter der Politik Allendes machen es sich zu leicht, wenn sie nicht wahrhaben wollen, daß die eigentlichen Ursachen für dessen Scheitern die inneren Widersprüche einer »reformerisch-revolutionären« Politik waren. Es führt also kein Weg an der Erkenntnis vorbei: wer sich dem revolutionären Marxismus verschreibt, der wird mit einem parlamentarisch-demokratischen System als einer nationalen Regierungsform wenig anfangen können.

Mit der revolutionären Machtausübung sind aber auch bestimmte *internationale Probleme* verbunden. Karl Marx ging bekanntlich davon aus, daß sich das Proletariat in allen Industrieländern gemeinsam erheben und »den Kapitalismus« abschütteln werde; er rechnete fest damit, daß dieses Ereignis noch zu seinen Lebzeiten eintreten werde. Zu dieser internationalen Aktion kam es nicht, und das ist auch nicht verwunderlich, wenn man auf die universalgeschichtliche Überhöhung der Revolution verzichtet, die im Denken von Karl Marx eine so große Rolle gespielt hat. Die tatsächlich durchgeführten Revolutionen blieben auf einzelne Länder beschränkt, und sie hatten einen durchaus nationalen Charakter.

Der Versuch, den *Sozialismus* in jeweils *einem Land* aufzubauen, führt nun zu folgenden Konsequenzen. Sofern sich die revolutionäre Elite auf die Schriften von Karl Marx beruft — und das ist naheliegend, weil sie dadurch ihren Führungsanspruch ideologisch begründen kann —, sieht sie sich verpflichtet, zur Erfüllung der Marxschen Prophetie einer weltweiten proletarischen Revolution beizutragen. Daraus resultiert eine grundsätzlich aggressive Haltung gegenüber kapitalistischen Staaten. Repräsentiert der »Kapitalismus« eine überholte Stufe der Menschheitsentwicklung und ist er der Feind jedes wahren Fortschritts, so kann die Regierung eines Landes, das sich als sozialistisch versteht, gar nicht umhin, diese kapitalistischen Staaten zu ihrem *Feind* zu erklären. Sonst wäre ihr Führungsanspruch gegenüber der eigenen Bevölkerung nicht mehr hinreichend zu begründen.

Noch aus einem zweiten Grund wird mit einer prinzipiell *feindlichen Haltung* gegenüber kapitalistischen Ländern zu rechnen sein. Kommt es zu einem revolutionären Umschwung nur in einem Land, dann ist damit zu rechnen, daß einige Anhänger des alten Systems ins kapitalistische Ausland entkommen und von dort aus konterrevolutionäre Pläne verfolgen. Das Ausland wird daher nicht nur als Gebiet verstanden werden, das vom kapitalistischen Joch zu befreien ist, sondern auch als eine Bedrohung der eigenen Errungenschaften.

Es entspricht deshalb durchaus der Logik des sozialistischen Auf-

baus in einem Land, wenn ein solches Land *militärisch stark* sein will. Es will sich auf diese Weise vor konterrevolutionären Aktionen des Auslandes schützen (und alle Aktionen des Auslandes, die der Regierung eines sozialistischen Landes nicht nützen, können als »konterrevolutionär« interpretiert werden); aber ein solches Land wird durch seine militärische Stärke natürlich auch zu einer Bedrohung aller derjenigen Staaten, die nicht dieselbe Ideologie teilen.
Fassen wir *zusammen*. Es entspricht der inneren Logik einer revolutionären Entmachtung der Kapitalistenklasse durch das von einer intellektuellen Elite geführte Proletariat, wenn daraus ein autoritäres System mit militaristischen Tendenzen entsteht. Es ist deshalb keineswegs ein historischer Zufall, wenn sich diese Kennzeichen an den bestehenden sozialistischen Staaten beobachten lassen. Besonders ausgeprägt ist dies in der Sowjetunion, die als der wirtschaftlich und militärisch stärkste Staat zugleich eine Verantwortung für die Erhaltung revolutionärer Errungenschaften in anderen sozialistischen Staaten sieht und deshalb die Doktrin von der »begrenzten Souveränität« dieser Staaten aufgestellt hat (»Breschnew-Doktrin«). Diese Doktrin schmälert natürlich für die Entwicklungsländer, in denen in der Regel der Wunsch nach nationaler Unabhängigkeit besonders stark ausgeprägt ist, die Attraktivität einer engen Zusammenarbeit mit dem Ostblock.

Zu b) Die Beseitigung des Privateigentums an Produktionsmitteln

Es sind *zwei Formen* einer Aufhebung des individuellen Privateigentums an Produktionsmitteln denkbar. Die Produktionsmittel eines Betriebes können *erstens* verstaatlicht und sie können *zweitens* in das Eigentum der Belegschaftsangehörigen überführt werden. Obwohl Karl Marx zweifellos die zweite Lösung im Blick hatte, hat die erste in der Praxis sozialistischer Staaten eine wichtigere Rolle gespielt. Dies ist verständlich. Durch die *Verstaatlichung* des Produktionsapparates kann die revolutionäre Führungselite die Entstehung jeder wirtschaftlichen Gegenmacht unterbinden und sie bekommt eine unmittelbare Durchgriffsmöglichkeit auf die einzelbetrieblichen Planungen, was der Durchsetzung ihrer wirtschaftspolitischen Ziele entgegenkommt. An der »Entfremdung« des Industriearbeiters ändert die Verstaatlichung der Produktionsmittel wenig, und auch sein Lohnniveau wird sich dadurch kaum erhöhen. Auch der verstaatlichte Betrieb muß ja einen »Mehrwert« für die Finanzierung der Investitionen einbehalten, so wie früher die Kapitalistenklasse einen »Mehrwert« abgeschöpft und hauptsächlich für die Durchführung von Investitionen verwendet hat. Inhaltlich gesehen besteht deshalb kaum ein Unterschied zur Situation im Privatkapitalismus, auch wenn die politische Führung aus propagandistischen Gründen natürlich etwas anderes behaupten wird.

Wird die zweite Lösung gewählt, dann werden die *Belegschaftsangehörigen* in die *Rechte des Privatkapitalisten* eingesetzt. Jugoslawien hat diesen Weg am konsequentesten beschritten, Peru hat unter einer sozialistisch ausgerichteten Militärregierung damit experimentiert, und die Reformkommunisten um Ota Sik sehen darin eine zukunftsweisende Lösung für kapitalistische wie sozialistische Staaten. In der Regel wird ebenso wie beim Privatkapitalismus das Einzelinteresse des Betriebes, jetzt vertreten durch das Kollektiv der Betriebsangehörigen, nicht mit den Interessen der Gesamtbevölkerung übereinstimmen. Die Belegschaftsangehörigen werden beispielsweise möglichst hohe Preise für ihre Fertigerzeugnisse erzielen wollen. Der Gesamtbevölkerung ist dagegen an möglichst niedrigen Preisen für diese Produkte gelegen.

In diesem *Konflikt* kann auf zwei Lösungsmethoden zurückgegriffen werden: den Ausgleich von Einzel- und Gesamtinteressen durch ein marktwirtschaftliches System und die Unterwerfung einzelbetrieblicher Planungen unter einen zentralen Plan. Im *ersten Fall* spricht man von einem *»Marktsozialismus«*; die im Belegschaftseigentum befindlichen Unternehmen treten miteinander in Wettbewerb und ihre einzelwirtschaftlichen Pläne werden durch Märkte koordiniert. Genauso wie im Privatkapitalismus kann dann ein Ausgleich zwischen Einzel- und Gesamtinteressen stattfinden, sofern eine funktionsfähige Wettbewerbsordnung besteht und *alle* Kosten und Erträge, die mit einer Produktion verbunden sind, in die einzelwirtschaftliche Kosten- und Ertragsrechnung eingehen. Ebenso wie im Privatkapitalismus spielt auch das Profilmotiv eine entscheidende Rolle für die Lenkung der Produktion. Der wesentliche Unterschied zu diesem System besteht darin, daß jetzt die Gesamtbelegschaft am Unternehmensgewinn beteiligt ist. Es ist anzunehmen, daß sie dann genauso profitorientiert handelt, wie dies vom Privatunternehmer angenommen wird. Die Reformkommunisten fordern dies geradezu, weil sie darin eine Gewähr für das erwünschte Effizienz-Denken der Werktätigen erblicken. Außer in Juguslawien und ansatzweise auch in Ungarn ist das Modell des »Marktsozialismus« aber bisher nicht zum Leitbild sozialistischer Staaten geworden.

Werden im *zweiten Fall* die einzelbetrieblichen Entscheidungen den Direktiven einer zentralen Planungsbehörde unterworfen, die von sich in Anspruch nimmt, die Gesamtinteressen der Bevölkerung zu vertreten, dann entstehen die typischen Probleme einer planwirtschaftlichen Wirtschaftslenkung, die nachstehend unter d) angesprochen werden. Je weiter sich die zentralen Planungsbehörden dabei gegenüber den Einzelbetrieben durchsetzen, umso stärker werden die Rechte der Belegschaftsangehörigen bei der Gestaltung der Betriebspolitik unterhöhlt, umso stärker werden also neue Formen der »Entfremdung« in Erscheinung treten.

Ein besonderes Problem stellt das Privateigentum an Produktionsmitteln im *zwischenstaatlichen Wirtschaftsverkehr* zwischen Industrie- und Entwicklungsländern dar. Jedes Land hat natürlich die Möglichkeit, die Tätigkeit ausländischer Unternehmen auf dem eigenen Territorium zu verbieten, wenn es davon eine unerträgliche Überfremdung befürchtet. Bestehen bereits Produktionsanlagen ausländischer Unternehmen (staatlicher oder privater Art) und werden sie von einem Entwicklungsland verstaatlicht, so ist nach internationalen Rechtsgepflogenheiten eine angemessene Entschädigung zu zahlen. Andernfalls hat das betreffende Land mit Sanktionen zu rechnen: es erhält z.B. keine weiteren Kreditzusagen aus dem Ausland, Exportlieferungen werden u.U. im Ausland beschlagnahmt, und weitere Auslandsinvestitionen werden natürlich ausbleiben. Die möglichen Nachteile, die daraus entstehen, sind gegen die möglichen Vorteile einer Verstaatlichung abzuwägen. Häufig werden diese Vorteile überschätzt. In nicht wenigen Fällen sank die Effizienz eines Unternehmens nach seiner Verstaatlichung so stark, daß der Staat, anstatt Gewinne abschöpfen zu können, Verluste hinnehmen und aus Steuermitteln ausgleichen mußte.

Zusammenfassend läßt sich folgendes sagen. Entweder werden die Produktionsmittel verstaatlicht; dann werden die Möglichkeiten der Beschäftigten zur Gestaltung der Betriebspolitik sehr eingeschränkt bleiben und an der »Entfremdungssituation« wird sich wenig ändern. Oder es erfolgt eine Umwandlung des Individualeigentums in ein Belegschaftseigentum; dann wird — sofern die Beschäftigten durch eine marktmäßige Koordination der einzelbetrieblichen Entscheidungen einen größeren Handlungsspielraum erhalten — der wesentlichste Unterschied zum Privatkapitalismus lediglich darin bestehen, daß nicht Einzelunternehmer, sondern ganze Betriebskollektive profitorientiert denken.

Zu c) Die Angleichung der materiellen Lebensbedingungen

»Jeder nach seinen Fähigkeitn, jedem nach seinen Bedürfnissen« war bereits das *Ideal* der Frühsozialisten, und es ist ein sozialistisches Ideal bis auf den heutigen Tag geblieben. Jeder soll einen Beitrag zur Produktion nach dem Maße seiner Fähigkeiten liefern, und er soll belohnt werden nach dem Maße seiner Bedürfnisse. Es ist nicht zuletzt der Herausforderung durch den Marxismus zuzuschreiben, wenn dieses Ideal auch die praktische Wirtschaftspolitik der westlichen Industriestaaten beeinflußt hat. Zahlreiche Formen der Steuer- und Sozialpolitik versuchen hier, die Ergebnisse ungleicher gesellschaftlicher Leistungen auszugleichen und jedem ein Mindestmaß der Bedarfsdeckung zu ermöglichen.

Für die Vertreter einer sozial-revolutionären Überwindung des Kapitalismus sind diese Versuche völlig unzureichend. Sie wollen eine sehr viel stärkere Annäherung an das *Gleichheitsziel.* Um dies zu erreichen, besitzt ein autoritäres System, wie es in der Regel aus einem marxistisch inspirierten Machtwechsel hervorgeht (siehe dazu die unter a) gemachten Bemerkungen), einige günstige Voraussetzungen. Nach einer Verstaatlichung der Produktionsmittel spielen private Vermögenseinkommen keine nennenswerte Rolle mehr. Außerdem wird die Lohnfindung nicht den Arbeitspartnern, d.h. also den Betriebsleitungen und den Werktätigen bzw. den Gewerkschaften überlassen, sondern durch staatliche Anordnungen geregelt. Insofern kann der Staat prinzipiell jedes Maß an Lohngleichheit durchsetzen, das er für richtig hält. Einige sozialistische Staaten sind dabei sehr weit gegangen. In *China* beispielsweise gibt es zwischen einem Betriebsleiter und einem Nachtportier keine nennenswerten Lohnunterschiede;[4] die große Masse der Bevölkerung weist hier etwa denselben Lebensstandard auf, der durch staatliche Normen festgelegt wird (etwa Normen hinsichtlich der Wohnungsgröße, der verfügbaren Menge an Textilien, Brennstoffen, Lebensmitteln usw.). *Andere sozialistische Länder* waren weniger radikal. Insbesondere scheinen hier diejenigen, die die Macht zur Festlegung von Löhnen besitzen, recht großzügig vorgegangen zu sein, als es um die Festsetzung ihres eigenen Einkommens ging. Die zu beobachtenden Privilegien der Funktionärsschicht lassen jedenfalls darauf schließen, daß zwischen ihr und der Masse der Werktätigen deutliche Realeinkommens-Unterschiede bestehen.

Es ist zu fragen, inwieweit das *Gleichheitsziel* unter revolutionär-marxistischen Bedingungen auf *internationaler Ebene* durchzusetzen wäre. Geht man von einem System sozialistischer Nationalstaaten aus, die ein gewisses Mindestmaß an Souveränität besitzen, dann ist kaum mit einer wirksamen zwischenstaatlichen Umverteilungspolitik zu rechnen. Die Beseitigung des Privateigentums an Produktionsmitteln und die Machtergreifung durch eine revolutionäre Elite beseitigen den nationalstaatlichen Egoismus nicht. Es ist im Gegenteil zu erwarten, daß er sich in dem Maße verstärkt, in dem sich die autoritäre Führung gezwungen sieht, ihren Herrschaftsanspruch durch eine Verbesserung der materiellen Bedingungen der *inländischen* Bevölkerung zu legitimieren. Dies wird umso stärker der Fall sein, je größer der zeitliche Abstand zur revolutionären Geburtsstunde eines sozialistischen Gemeinwesens ist. Unmittelbar nach dem Umsturz nimmt die Bevölkerung eine materielle Armut noch in Kauf; sie kann noch dem alten kapitalistischen System angelastet werden. Doch je weiter der revolutionäre Akt zurückliegt, umso stärker werden die Menschen auf die Einlösung der revolutionären Versprechen drängen.

Daß diesen Zusammenhängen eine *reale Bedeutung* zukommt, zeigen die Erfahrungen innerhalb des heutigen sozialistischen Lagers. »Es wird behauptet, daß z.B. sowjetische Führer Forderungen chinesischer Kommunisten nach solidarischer und uneigennütziger Hilfe seinerzeit mit dem Argument zurückgewiesen hätten, die sowjetische Bevölkerung habe sich ihren jetzigen Lebensstandard durch eigene Kraftanstrengungen und Entbehrungen erobert, und es sei nicht von ihr zu verlangen, daß sie auch nur partiell auf die Resultate eigener vergangener Leistungen verzichte.«[5]

Erwähnt werden soll noch der Fall eines internationalen sozialistischen Systems, das von einer zentralen Macht regiert wird und in dem die *Souveränität* der Nationalstaaten weitgehend *beseitigt* worden ist. Diese zentrale Regierung könnte dann eine *internationale Egalitätspolitik* verfolgen, wobei die einzelnen Länder etwa denselben Rang besäßen wie derzeit die einzelnen Provinzen innerhalb eines sozialistischen Landes. Beurteilt man diesen Fall unter Verzicht auf die spekulative Verklärung, mit der Marx von der »internationalen Solidarität der Arbeiterklasse« spricht, so muß er wie ein Alptraum erscheinen. Eine autoritäre Weltregierung hätte einheitliche Normen für den Lebensstandard aller Weltbürger festzulegen und durch eine zentrale Lenkung der Weltproduktion für die Einhaltung dieser Normen zu sorgen.[6] Von individueller Freiheit könnte dann wohl ebensowenig mehr die Rede sein wie von nationaler Eigenständigkeit. Überall dort, wo nicht die Mentalität gefügsamer chinesischer Bauern herrscht, wäre mit Rebellionen zu rechnen, so daß zur Aufrechterhaltung des Systems der Einsatz physischer Gewalt unerläßlich wäre. Die Welt würde deshalb in weiten Teilen einem »Archipel Gulag« gleichkommen. Ganz abgesehen vom Freiheitsverlust, mit dem die Verwirklichung des Egalitätsziels zu erkaufen wäre, wäre mit folgenden Problemen zu rechnen. Erstens ist kaum ein menschliches Wesen im seelischen, moralischen und intellektuellen Sinne der ungeheuren Machtfülle gewachsen, die mit einer autoritären Weltherrschaft verbunden wäre. Wenn nach einer alten Erfahrung gilt, daß Macht korrumpiert, dann gilt auch, daß absolute Macht absolut korrumpiert. Zweitens wäre eine zentrale Lenkung der Weltproduktion mit außerordentlichen Effizienzverlusten und Fehlplanungen verbunden; darüber wird weiter unten noch einiges gesagt werden.

Man wird deshalb unmöglich damit rechnen können, daß sich die Weltbevölkerung *freiwillig* auf die Errichtung einer egalitätsorientierten Weltdiktatur einigt. Wenn es je zu einer sozialistischen Weltregierung kommen sollte, dann wohl nur dadurch, daß ein dominierender sozialistischer Einzelstaat seine Herrschaft auf die ganze Welt ausdehnt. Machen wir einmal die realitätsfremde Unterstellung, dies sei ohne Heraufbeschwörung eines atomaren Holocaust möglich. Welche internationale Verteilungspolitik würde eine solche Weltregierung nationalen Ursprungs verfolgen? Wäre es nicht eine Politik zugunsten der eigenen nationalen Interessen? Mit großer Sicherheit wäre das Ergebnis dieser *imperialistischen Machtausübung* eines sozialistischen Staates ein weltweites Ausbeutungssystem. Da nicht angenommen werden kann, daß ein wirtschaftlich unterentwickeltes Land zu einer solchen Machtausübung in der Lage wäre, müßte mit einem wirtschaftlich entwickelten Land als der beherrschenden imperialistischen Macht gerechnet werden, die dann die Weltressourcen im eigenen Interesse ausbeuten würde. Von einer Politik zugunsten der wirtschaftlich unterentwickelten Regionen der Welt wären wir dann weiter entfernt als jemals zuvor.

Alle diese Überlegungen führen zu dem Schluß, daß eine *internationale Gleichverteilungspolitik* unter revolutionär-marxistischen Vorzeichen eine *Fiktion* darstellt. Das marxistische Denkschema eignet sich zwar hervorragend für eine Kritik bestehender internationaler Ungleichheiten, wie beispielsweise derjenigen, die im Abschnitt 1.2 bei der Diskussion des Welt-Rohstoffverbrauchs aufgezeigt wurden. Doch es läßt uns im Stich, wenn wir nach gangbaren Wegen zur Überwindung dieser Ungleichheiten fragen.

Im Zusammenhang mit dem Ziel einer Angleichung materieller Lebensbedingungen muß ein *Konflikt* erwähnt werden, der in aller Regel zwischen dem *Gleichheitsziel* und dem *Effizienzziel* entsteht. Um dies verständlich zu machen, müssen wir etwas ausholen. Jedes Land muß an einem effizienten Einsatz der Produktionsfaktoren interessiert sein, d.h. es muß bestrebt sein, jede Verschwendung von Material und Energie nach Möglichkeit zu vermeiden. Es muß ferner sicherstellen, daß die einzelnen Bürger ihre produktiven Leistungen zum Wohle der Gesamtheit im vollen Maße erbringen und nicht nur die Leistungen der Gesamtheit in möglichst hohem Maße in Anspruch nehmen wollen. Wer z.B. eine besondere naturwissenschaftliche Begabung besitzt, muß veranlaßt werden, an einer längeren Ausbildung teilzunehmen, damit er als Techniker oder Wissenschaftler einen größeren produktiven Beitrag für die Gesamtheit leisten kann. Wer z.B. über Erfahrungen in der landwirtschaftlichen Produktion verfügt, muß veranlaßt werden, Nahrungsmittel nicht nur für den eigenen Bedarf, sondern auch für den Bedarf möglichst vieler Mitbürger herzustellen. Für Karl Marx war es selbstverständlich, daß der »neue Mensch«, der mit der sozialistischen Revolution entstehen sollte, uneigennützig für das Wohl des Ganzen sorgen würde. Für Marx bedeutete die Überwindung des Privateigentums die »vollständige Emanzipation aller menschlichen Sinne und Eigenschaften«, die dazu führt, daß »das Bedürfnis oder der Genuß . . . ihre egoistische Natur verloren haben.«[7] Von seinem geschichtsdialektischen Ansatz her gesehen ist diese Erwartung verständlich; da es aber das von Marx postulierte Bewegungsgesetz des Seins mit seiner menschheitserlösenden Wirkung nicht gibt, ist auch nicht zu erwarten, daß mit der Aufhebung des Privateigentums und der Etablierung einer revolutionären Regierung der Egoismus der Menschen abstirbt.

Deshalb muß eine sozialistische Regierung versuchen, Drückebergerei, Verschwendung, Schlamperei usw., d.h. die verschiedensten Formen einer gesellschaftlichen »Ineffizienz«, durch bewußte gesellschaftspolitische Maßnahmen zu vermeiden. Sie kann dabei z.B. ein System *ideeller Anreize und Sanktionen* anwenden (Appelle an das soziale Verantwortungsbewußtsein, Auszeichnung von »verdienten Arbeitern des Volkes«, öffentlicher Tadel für fehlende soziale Gesinnung usw.). Ohne Zweifel ist auf diese Weise einiges zu erreichen. Doch offenbar sind Maßnahmen dieser Art nicht ausreichend. *Kuba* mußte beispielsweise einige Jahre nach der Revolution den Versuch aufgeben, die Produktion nur durch »moralische Anreize« zu lenken; die Arbeitsverweigerung und Schlamperei machte den Übergang zu einem System »materieller Anreize« notwendig. In *Äthiopien* läßt sich seit der Revolution beobachten, daß die Bauern nur noch das Notwendigste für den eigenen Bedarf produzieren, weil ihnen materielle Anreize durch gewinnbringende Preise für Agrargüter fehlen; die Versorgung der städtischen Bevölkerung mit Lebensmitteln hat sich dadurch verschlechtert. In *Tansania* ist das Modell eines »afrikanischen Sozialismus« u.a. deshalb zusammengebrochen, weil die Bauern zwar die sozialen Leistungen der Regierung in Anspruch nahmen (Schulen, Gesundheitsfürsorge, Trinkwasserversorgung usw.), sie aber nicht mit höheren Produktionsleistungen honorierten, zu denen sie durch Appelle aufgefordert worden waren. *China* macht heute die Erfahrung, daß die dringend gebotene Effizienz-Steigerung in allen Bereichen der Wirtschaft nicht mehr durch ideologische Schulung allein zu erreichen ist. Daß dies nicht nur Anfangsschwierigkeiten beim Aufbau des Sozialismus sind, zeigt die Erfahrung der *UdSSR*. Nachdem zwei Generationen eine sozialistische Erziehung mitgemacht haben, sind Drückebergerei, Schlamperei, Materialvergeudung usw. kaum geringer als zuvor.

Die *Folgerung* aus allen diesen Erfahrungen lautet: um die Effizienz einer Volkswirtschaft wenigstens annähernd sicherzustellen, braucht man ein System *materieller Anreize und Sanktionen*. Prämien für sparsamen Materialeinsatz bzw. Einkommenskürzungen für Materialvergeudungen sorgen am wirksamsten für eine effiziente Materialwirtschaft. Gewinnbringende Preise für Agrargüter überwinden am ehesten die Zurückhaltung der Bauern und sorgen für ein ausreichendes Lebensmittelangebot. Ein höheres Einkommen für Absolventen langer Ausbildungsgänge bietet einen wirksamen Anreiz für junge Menschen, die Mühen einer solchen Ausbildung auf sich zu nehmen. Höhere Einkommen für diejenigen Betriebskollektive, die sich große Mühe bei der Befriedigung von Konsumentenwünschen machen und niedrigere Einkommen für diejenigen, die es damit nicht so genau nehmen, sind ein sicheres Mittel für eine bedarfsgerechte Produktionslenkung. (Nur nebenbei sei bemerkt, daß deshalb die Möglichkeit, Profite zu erzielen, ein wirksames Mittel zur bedarfsgerechten Produktionslenkung ist — was dogmatisch denkende Marxisten so schwer begreifen können.) Mit diesen materiellen Anreizen und Sanktionen entstehen aber unvermeidlicherweise Einkommensdifferenzierungen, und dieses Ergebnis steht im Widerspruch zum angestrebten Gleichheitsziel.

An dieser Erkenntnis führt also kein Weg vorbei: die Verwirklichung des Gleichheitsziels steht in sehr vielen Fällen im *Konflikt* zur Verwirklichung des Effizienzziels.[8] Irgendwie muß ein Kompromiß zwischen der Erreichung beider Ziele gefunden werden. Man kann oft nicht dem einen Ziel und *gleichzeitig* auch dem anderen näher kommen. Dieser Kompromiß kann verschieden ausfallen. Die kapitalistischen Industrieländer betonen z.B. das Effizienzziel; die Folge ist eine vergleichsweise hohe Ungleichheit der Einkommensverteilung. Die sozialistischen Industrieländer betonen das Gleichheitsziel; die Folge ist eine vergleichsweise große Ineffizienz der Produktion.[9] Die meisten Entwicklungsländer haben beides: eine ungleiche Einkommensverteilung und eine hohe Ineffizienz, weil sie weder ein kapitalistisches System der Effizienzsteigerung noch ein sozialistisches System der Einkommensverteilung besitzen.

Man kann das Effizienzziel auf die Dauer nicht vernachlässigen. Die Folge wäre ein Rückgang der gesamtwirtschaftlichen Produktivität und damit eine Verschlechterung der Möglichkeiten, gleiche materielle Lebensbedingungen auf *angemessenem Niveau* herzustellen. Wer nur an der Gleichheit der Einkommensverteilung interessiert ist, wird bald eine Egalität bei zunehmender Verarmung in Kauf nehmen müssen. Für kein Entwicklungsland kann dies ein erstrebenswertes Ziel sein, und auf die Dauer kann eine Egalitätspolitik auch nicht durch Entwicklungshilfe von außen her gestützt werden. Im Falle Tansanias haben zwar solche Leistungen bisher ausgereicht, um den völligen Zusammenbruch der Wirtschaft zu verhindern. Dieses Land erhielt in den letzten Jahren eine höhere Entwicklungshilfe als jedes andere afrikanische Land, wobei ein großer Teil dieser Hilfe aus den westlichen Industrieländern kam.[10] Doch eine Dauerlösung ist diese Abhängigkeit einer Entwicklungspolitik, die ja gerade der nationalen Eigenständigkeit verpflichtet war, von ausländischen Finanzierungszusagen natürlich nicht.

Fassen wir *zusammen*. Die Gleichheit der materiellen Lebensbedingungen herzustellen ist ein grundlegendes Ziel des revolutionären Marxismus. Eine autoritäre Regierung, wie sie in der Regel aus einem marxistisch inspirierten Umsturz hervorgeht, besitzt günstige Voraussetzungen zur Annäherung an dieses Ziel. Der dafür zu zahlende Preis ist in der Regel eine geringe Effizienz der Güterproduktion und eine Beschränkung persönlicher Freiheitsrechte. Eine internationale Verteilungspolitik zugunsten unterentwickelter Länder wird auch in einem sozialistischen Staatensystem kaum zu erwarten sein. Die nationalen Egoismen werden durch eine sozialistische Revolution nicht beseitigt. Eine sozialistische Weltdiktatur, die die Souveränität der Einzelstaaten weitgehend aufhebt, ist aber nur unter Bedingungen möglich, die gleichbedeutend mit der imperialistischen Ausbeutung der Welt durch eine dominierende sozialistische Macht sind.

Zu d) Die Ersetzung der »Anarchie der Märkte« durch eine »planvolle« Lenkung der gesellschaftlichen Produktion

Karl Marx hat sich wenig Gedanken darüber gemacht, wie die gesellschaftliche *Produktion* nach dem Umsturz *organisiert* werden solle. Im »Kapital« gibt es lediglich einige verstreute Hinweise auf die Notwendigkeit einer »planvollen« Lenkung der Produktion, mit der die »Anarchie der Märkte« zu ersetzen sei. Damit ist ein *inhaltlicher* und ein *instrumenteller Aspekt* des Wirtschaftens angesprochen. Wenden wir uns zunächst einem allgemeinen inhaltlichen Aspekt zu.

Die Überwindung der kapitalistischen Verhältnisse ermögliche es, die Gütererzeugung auf *menschliche Zwecke* hin zu lenken, sagt Marx. Da nicht damit zu rechnen ist, daß mit der Beseitigung des Privateigentums »alle menschlichen Sinne und Eigenschaften« erneuert werden (siehe S.37 Anm. 7), haben wir es nach dem Umsturz mit den Konsumwünschen des alten Menschen zu tun, die zur inhaltlichen Bestimmung der »menschlichen Zwecke« werden. Diese Wünsche werden noch stärker zur Erfüllung drängen als zuvor, da nach marxistischer Verheißung die materielle Not der Bevölkerungsmassen durch die Ausbeutung ein Ende finden wird und da die gesellschaftlichen Fesseln einer vollen Entfaltung der Produktivkräfte gesprengt worden sind. Allgemeines Ziel der Produktionslenkung in einem nach-revolutionären Staat wird es also sein, das *Wirtschaftswachstum* über die vom Kapitalismus gezogenen Grenzen hinaus zu steigern. Die Wirtschaftsplaner der sozialistischen Staaten können sich durchaus auf Marx berufen, wenn sie dieses Ziel auf ihre Fahnen geschrieben haben.[11] Wir werden weiter unten (Seite 44f.) kurz auf eine abweichende Interpretation des Marxschen Ansatzes eingehen, die von der Debatte um die »Grenzen des Wachstums« ausgelöst worden ist; für die praktische Wirtschaftspolitik sozialistischer Staaten hat diese Interpretation bisher keine Bedeutung gewonnen.

Wie werden nun die *konkreten Ziele* des Wirtschaftswachstums festgelegt und wie soll die *Lenkung* der volkswirtschaftlichen Ressourcen auf diese Ziele hin erfolgen? Mit dieser Frage kommen wir zum zweiten, dem *instrumentellen Aspekt* der Wirtschaftslenkung. In einem marktwirtschaftlichen System ist es das Zusammenspiel von konkurrierenden privatwirtschaftlichen Interessen, das über die konkreten Produktionsaufträge an die einzelnen Unternehmen entscheidet und das die volkswirtschaftlichen Ressourcen in diese Unternehmen lenkt. Dieser marktwirtschaftliche, profitgesteuerte Wettbewerb um Ressourcen wird von Marx kategorisch abgelehnt, und nahezu alle sozialistischen Länder sind ihm dabei gefolgt (Jugoslawien und — teilweise — Ungarn können als Ausnahmen angesehen werden). Wird aber eine marktwirtschaftliche Produktionssteuerung ausgeschlossen, dann kommt als Alternative nur eine planwirtschaftliche Lenkung in Betracht. Es ist naheliegend, wenn sie von einer zentralen Planungsbürokratie übernommen wird, da wir in einem revolutionär-marxistischen Staat in der Regel von der Existenz einer autoritären Staatsführung auszugehen haben (vgl. dazu die auf S. 27ff. unter a) gemachten Bemerkungen). Diese Bürokratie ist dann zuständig für die Festsetzung der konkreten Produktionsziele und sie hat mit den ihr eigenen Mitteln für die Verwirklichung dieser Ziele zu sorgen. Daraus ergeben sich zahlreiche Probleme. Einige davon sollen hier erwähnt werden.

Ein *erstes Problem* besteht in der relativen *Autonomie der Planungsbehörden* bzw. -politiker bei der Festlegung der Produktionsziele. Sie können beispielsweise das Ziel verfolgen, die Konsumbedürfnisse der gegenwärtig lebenden Generation möglichst rasch zu befriedigen. Sie können aber auch die Konsumbedürfnisse der gegenwärtigen Bevölkerung denjenigen künftiger Generationen unterordnen und deshalb eine forcierte Kapitalakkumulation betreiben. *China* bietet ein Beispiel für ein Land, das sich sehr weitgehend an der Befriedigung gegenwärtiger »Grundbedürfnisse« orientiert hat, so wie sie von den Politikern definiert worden sind. Die chinesische Führung hat deshalb die volkswirtschaftlichen Ressourcen auf den Bau von Einheitswohnungen, auf die Steigerung der landwirtschaftlichen Produktion, auf die Verbesserung des Gesundheitswesens usw.

hingelenkt. Die materiellen Lebensbedingungen der chinesischen Bevölkerung haben sich dadurch in den letzten dreißig Jahren deutlich gebessert, wozu allerdings eine drastische Bevölkerungspolitik beigetragen hat. Die *Sowjetunion* hat dagegen sehr viel stärker auf die Entwicklung moderner Industrien gesetzt und dabei die Konsumbedürfnisse der Bevölkerung vernachlässigt. Das Prestigebedürfnis der Politiker und Planungsbürokraten dürfte dabei eine nicht geringe Rolle gespielt haben. Es ist jedenfalls auffällig, daß in diesem Land eine hochmoderne Raumfahrtindustrie aufgebaut worden ist, die Landwirtschaft aber ein Stiefkind der wirtschaftlichen Entwicklung blieb. In den *Entwicklungsländern* — neben China wird von 23 anderen Entwicklungsländern gesagt, sie seien »sozialistisch«[12] — werden unterschiedliche Ziele verfolgt; vorherrschend ist auch in sozialistisch regierten Ländern der Wunsch, möglichst rasch zu einer unabhängigen Industriemacht aufzusteigen, auch wenn dadurch der gegenwärtig lebenden Bevölkerung ein hohes Opfer abverlangt wird. Welchen Zielen die Produktionslenkung im einzelnen jeweils verpflichtet ist, hängt also zum großen Teil von den Präferenzen der jeweiligen Führungselite ab. Mit einer revolutionären Machtergreifung unter Berufung auf Marx ist über die allgemeine Wachstumsverpflichtung hinaus zu den konkreten Zielen der Planungsbürokratie noch kaum etwas gesagt worden.

Das Problem der relativen Autonomie von Planungsbürokratien versuchten u.a. die tschechischen *Reformkommunisten* zu lösen. Nach den Vorstellungen von *Ota Šik* soll die Bevölkerung eines Landes regelmäßig in direkten Abstimmungen über verschiedene Planalternativen den zu verwirklichenden Plan auswählen.[13] Die Planungsbehörden wären damit an einen demokratischen Auftrag gebunden. Doch vieles spricht dafür, daß diese Demokratisierung der Planung undurchführbar ist (ganz abgesehen von der praktischen Undurchführbarkeit, die sich aus dem Machterhaltungstrieb der sowjetischen Führungselite ergeben hat). Soll es zu echten demokratischen Abstimmungen über Planalternativen kommen, so müßte nämlich die Bevölkerung u.a. über folgende Informationen verfügen: die präzise Definition der Planungsziele, die qualitativen und quantitativen Beziehungen zwischen diesen Zielen (z.B. zwischen den Zielen »Wachstum«, »Umweltschutz«, »Arbeitsplatzsicherheit«, »Gleichheit der Einkommensverteilung«); die zur Wahl gestellten Rangfolgen, in denen diese Ziele verwirklicht werden sollen (bei 4 Zielen gibt es rechnerisch genau 24 mögliche Rangfolgen), und die unterschiedlichen Zeithorizonte einer Zielverwirklichung. Es ist ausgeschlossen, daß mehr als 1% der Wähler mit dieser Informationsflut überhaupt-noch etwas anfangen könnte. Je mehr diese Informationsflut aber begrenzt wird, umso mehr ist der Wähler der Manipulation der Planungsexperten ausgesetzt. Entweder sind also Abstimmungen über Planalternativen *undurchführbar*, weil die Informationsfülle nicht bewältigt werden kann; oder sie werden zur *Farce*, weil der Wähler manipuliert wird. Wahrscheinlich besteht das realisierbare Maximum demokratischer Mitbestimmung darin, daß die Bevölkerung in regelmäßigen Abständen über die Zusammensetzung derjenigen Gremien entscheidet, die mit der Aufstellung und Durchführung eines Wirtschaftsplanes beauftrag sind. Weil aber ein planwirtschaftliches System kaum funktionsfähig ist, wenn es mit stetig wechselnden politischen Prioritäten zu tun hat, besitzt es eine Tendenz zur Ausschaltung einer Parteienkonkurrenz und zur Errichtung einer Expertokratie. Eine Wirtschaftsplanung tendiert nun einmal zu hierarchischen, autoritären Strukturen, da sie anders kaum funktionsfähig ist, und deshalb verträgt sie sich auch gut mit der Herrschaft einer Funktionärselite. Halten wir also fest: hat man sich einmal für die Überwindung der »Anarchie der Märkte« und für die Errichtung eines planwirtschaftlichen Systems entschieden, so führt kein Weg an einer *bürokratischen Wirtschaftslenkung* vorbei, die nach den weitgehend autonomen Entscheidungen einer Funktionärs-und Expertenelite vorgenommen wird.

Ein *zweites Problem* besteht in den *humanen und ökonomischen Kosten* eines planwirtschaftlichen Systems. Eine Planwirtschaft funktioniert nur, wenn sich die Produktionsfaktoren tatsächlich nach den Wünschen der Planer lenken lassen. Der wichtigste Produktionsfaktor aber ist der Mensch. Er wird bei dieser Lenkungsmethode letzlich zur Figur, die auf dem Schachbrett der Planer hin und her geschoben wird. Wo Menschen dies widerstandslos mitmachen und dabei noch ihre volle Leistungskraft hergeben, mögen die Planungsziele in erstaunlich kurzer Zeit realisierbar sein. Jedenfalls könnten auf diese Weise die hohen Raten der Kapitalakkumulation in manchen sozialistischen Ländern erklärbar sein (beispielsweise in Nord-Korea). Wo sich dagegen Widerstand regt, kommt es entweder zu einem planerischen Chaos oder zu einer blutigen Repression; u. U. auch zu beidem. Man kann nicht übersehen, daß beispielsweise die forcierte Industrialisierung der UdSSR das Leben von Millionen von Kulacken gekostet hat, die nicht bereit waren, die ihnen zugedachte

Rolle auf dem Schachbrett der Wirtschaftsplaner zu spielen. Es läßt sich auch nicht übersehen, daß die Verfolgung einer sozialistischen Planwirtschaftspolitik überall dort, wo dies möglich war, zum Exodus ganzer Bevölkerungsteile, insbesondere aus dem Mittelstand, geführt hat (siehe z. B. Kuba, Vietnam, Kambodscha, die DDR). Damit haben diese Länder natürlich einen Teil ihres »Humankapitals« verloren.

Weniger dramatisch, aber für die Praxis kaum weniger problematisch sind die *systemimmanenten Reibungsverluste* einer Planwirtschaft. Soll die arbeitsteilige Wirtschaft eines Landes rational geplant werden, so benötigt man dazu einen pflichtbewußten, unbestechlichen Beamtenapparat, der in der Lage sein muß, eine außerordentlich große Zahl von Informationen richtig zu verarbeiten. Er ist dabei auf die Kooperationsbereitschaft vieler einzelner Betriebe angewiesen, die unverfälschte Produktionszahlen, Kostenziffern, Materialanforderungen usw. weiterzumelden haben. Dies ist mehr, als selbst in einem entwickelten Industrieland möglich ist; noch sehr viel weniger sind diese Voraussetzungen in einem Entwicklungsland gegeben. Das Zusammentreffen einer autoritären Staatsführung, einer bürokratischen Planung und der traditionellen Korruption führen hier zu unvorstellbaren Effizienzverlusten. Die Folgen sind Fehlplanungen, die zu Produktionsausfällen, Qualitätsverschlechterungen, unverkäuflichen Lagerbeständen, Schwarzmärkten usw. führen, d. h. zu den typischen Begleiterscheinungen einer planwirtschaftlichen Wirtschaftslenkung. Es kann sein, daß durch diese Reibungsverluste der Vorteil eines autoritären Lenkungssystems, nämlich die Ressourcen eines Landes auf die Erreichung bestimmter Einzelziele hin konzentrieren zu können, hinfällig wird. Auf diese Weise dürfte z. B. zu erklären sein, warum manche sozialistische Länder trotz einer Kapitalakkumulation und damit einem Konsumopfer der Bevölkerung, das wesentlich größer ist als in den westlichen Industrieländern, ein weitaus geringeres Produktivitätswachstum erzielt haben als diese, obwohl die Ausgangsbedingungen in beiden Fällen etwa dieselben waren (vgl. z. B. die DDR und die CSSR einerseits und westeuropäische Länder andererseits). Insofern sind die Opfer der Bevölkerung umsonst gebracht worden.

Zum Schluß soll auf eine *neue Interpretation* der Marxschen Lehre eingegangen werden, die sich bewußt von der traditionellen marxistischen Wachstumsideologie distanziert. Der Marxist Wolfgang Harich meint beispielsweise, daß die vom »Club of Rome« aufgezeigten

»Grenzen des Wachstums«[14] die Erfüllung der Marxschen Verheißung von der endgültigen Beseitigung des materiellen Mangels in der kommunistischen Zukunftsgesellschaft unmöglich machen. Nicht die Steigerung der Produktion, sondern die Rationierung der knappen Produkte nach sozialen Gesichtspunkten sei deshalb das Gebot der Stunde. Ein bürokratisches, autoritäres System, wie es die heutigen sozialistischen Länder repräsentieren, sei dafür eine unerläßliche Voraussetzung. Ja, eine egalitäre Verteilung des Mangels in einem bürokratischen System wird bereits als »kommunistisch« bezeichnet, in deutlicher Abkehr vom üblichen marxistischen Sprachgebrauch: »Eine sozialistische Gesellschaft..., die sich dazu entschlösse, das zu tun, und eigens zu diesem Zweck unter Ausschaltung der Marktbeziehungen, des Geldes, auch des Leistungsprinzips, ein umfassendes System rationierter Verteilung einführte, das die Befriedigung menschlicher Bedürfnisse auf die Erhaltung der Biosphäre abstimmt, wäre bereits kommunistisch.«[15] Man kann dagegen einwenden, daß ohne eine freiwillige Kooperation der Bevölkerung eine humane Gesellschaft ohne forciertes Wirtschaftswachstum nicht denkbar sei, eine solche Kooperation aber von einem autoritär-bürokratischen System verhindert werde;[16] man kann ferner einwenden, daß es in einem sozialistischen System immanente Zwänge zur Aufrechterhaltung des Wirtschaftswachstums gäbe.[17] Fest steht jedenfalls, daß mit oder ohne Wirtschaftswachstum eine autoritäre, bürokratische Wirtschaftslenkung ein systemimmanentes Merkmal von Staaten darstellt, die sich als revolutionär-marxistisch verstehen.

Versuchen wir, die Überlegungen des Abschnitts 2.2 *zusammenzufassen.*

Wir haben uns hier die Frage nach den Handlungsanleitungen gestellt, die aus der Marxschen Utopie entnommen werden können. Folgende typische *Aktionen* eines marxistisch motivierten Herrschaftswechsels und einer marxistisch inspirierten Machtausübung haben wir festgestellt: die Errichtung eines autoritären Herrschaftssystems mit militaristischen Tendenzen; die Verstaatlichung der Produktionsmittel mit der Folge eines außerordentlichen Machtzuwachses der politischen Führung; den Einsatz staatlicher Macht zur Verwirklichung einer egalitären Einkommensverteilung, wobei die machtausübende Elite sich in der Regel bestimmte Privilegien vorbehält; die wachstumsorientierte Lenkung der Produktionsfaktoren durch eine zentrale Planungsbürokratie. Das jeweilige Ergebnis dieser Aktionen und nicht der Rückverweis auf ein fiktives realdialektisches Gesetz entscheidet über den Erfolg einer marxistisch inspirierten Politik.

Fragt man nach diesen Ergebnissen, dann kann von folgenden *negativen Konsequenzen* gesprochen werden: die nationalen Egoismen werden gefestigt oder sogar gestärkt; am Entfremdungs-Phänomen ändert sich nichts, es erfährt vielmehr durch neue Abhängigkeiten der Werktätigen von einer zentralen Planungsbürokratie eine neue Dimension; durch die Betonung des Gleichheitszieles entstehen Effizienzverluste; die systemimmanenten Mängel einer bürokratischen Planung führen zu Reibungsverlusten und zum Verlust an persönlichen Freiheiten. Eine Fiktion wäre es schließlich, wollte man mit einer internationalen Solidarität sozialistischer Staaten rechnen, die sich zur Aufgabe setzt, die Wohlstandsunterschiede zwischen einzelnen Ländern durch bewußte verteilungspolitische Maßnahmen auszugleichen. Es ist auch kaum zu erwarten, daß revolutionär-marxistische Systeme eine Eigentendenz zur Überwindung dieser negativen Konsequenzen besitzen. Indem machtausübende Marxisten sich auf Marx berufen, erklären sie den entscheidenden Schritt zum Besseren hin zu einer Sache der Vergangenheit. Wer aber davon ausgeht, daß er die entscheidende Verbesserung *hinter* sich hat, kann mit gutem Gewissen eine strukturerhaltende, konservative Haltung einnehmen.

Die *positiven Ergebnisse* der genannten Aktionen sind darin zu sehen, daß — abgesehen von den vielfach vorhandenen Privilegien der Eliten — eine größere Gleichheit der materiellen Lebensbedingungen erreicht worden ist und daß in einer Reihe von Ländern die Befriedigung von Grundbedürfnissen verbessert werden konnte.[18] Besonders häufig wird in diesem Zusammenhang auf China hingewiesen; beachtliche Erfolge in dieser Hinsicht hat auch Nord-Korea aufzuweisen. Doch gerade diese Beispiele lassen sich nur mit Mühe als Erfolg auf das Konto des revolutionären Marxismus buchen. Auch in Süd-Korea haben sich die materiellen Lebensbedingungen für die Masse der Bevölkerung deutlich verbessert, und von Hongkong und Taiwan läßt sich das mit mindestens derselben Berechtigung sagen wie von China. Im Blick auf die gleichartigen Erfahrungen chinesischer Bevölkerungsgruppen unter unterschiedlichen politischen Systemen meinte J. K. Galbraith, »daß es beim Sieg über die Armut und bei den Ursachen der Armut weniger darauf ankommt, ob ein Land kapitalistisch oder kommunistisch ist — eine größere Rolle spielt die Frage, ob es chinesisch ist oder nicht.«[19] China oder Nord-Korea zum sozialistischen »Modell« erklären zu wollen und es anderen Entwicklungsländern zur Nachahmung zu empfehlen, wäre jedenfalls reichlich wirklichkeitsfremd.

Diese Resultate revolutionär-marxistischer Machtergreifung und Machtausübung muß man sich vor Augen halten, wenn man eine sachbezogene Antwort auf eine Frage sucht, die heute von vielen politisch engagierten Christen diskutiert wird: »Müssen Christen Sozialisten sein?« Wir wollen uns abschließend mit dieser Frage beschäftigen.[20]

2.3 Müssen Christen Sozialisten sein?

Zunächst müssen wir sicherstellen, daß diese Frage überhaupt einen Sinn hat. Man kann sie nämlich auch so formulieren, daß sie sich von *selbst beantwortet* und dadurch überflüssig wird. Dies geschieht dann, wenn man den Begriff »Sozialismus« so definiert, daß er mit bestimmten christlichen Werten und Tugenden deckungsgleich wird. Man kann z. B. »Sozialismus« als »das zu einer konkreten Ordnung erhobene Soziale«[1] definieren und zugleich daran erinnern, daß Nächstenliebe, Hinwendung zum Armen, brüderliches Teilen, Barmherzigkeit usw. biblisch begründbare Tugenden sind, und man kann weiter darauf hinweisen, daß christlicher Glaube stets zur »Konkretion« führen muß. Wer will dann noch sagen, daß Christen keine »Sozialisten« sein müßten? Von dieser rhetorischen Form der Fragestellung ist es dann nur ein kleiner Schritt zu dem, was man eine »Bauernfängerei mit politischen Schlagworten« nennen könnte. Unter der Hand kann man nämlich eine Gleichsetzung von »sozialer Gesinnung« und »Sozialismus« (in einer konkreten politischen Bedeutung des Wortes) vornehmen, und schon hat man die Unterstützung eines bestimmten Programms zum christlichen Imperativ gemacht. Versuche solcher Art sind keine Seltenheit, und manchmal drängt sich der Eindruck auf, als seien Christen für eine »Bauernfängerei« dieser Art besonders anfällig.

Soll die genannte Frage einen Sinn haben, so muß man versuchen, den »Sozialismus«-Begriff zu *präzisieren* und seine praktischen Implikationen aufzuzeigen. Von den vielen möglichen »Sozialismus«-Definitionen[2] wollen wir hier diejenige des revolutionären Marxismus verwenden. In den letzten Abschnitten haben wir ausführlich über Inhalt und Handlungsanleitung dieser Art von Sozialismus gesprochen. Die Frage lautet also, ob Christen bei ihrem unbestreitbaren biblischen Auftrag, für die Überwindung von Elend und Unterdrückung einzutreten,[3] den Handlungsanleitungen des revolutionären Marxismus folgen können — ja, ob sie ihnen sogar folgen *müssen*, wenn sie ihren Glauben ernst nehmen wollen. Noch genauer: Müssen Christen sich die analytischen Werkzeuge der marxistischen Gesellschaftskritik zu eigen machen (wie z. B. Helmut Gollwitzer meint),[4] müssen sie einen marxistisch inspirierten Machtwechsel und eine marxistisch motivierte Machtausübung bejahen und unterstützen (wie viele Anhänger einer »Befreiungstheologie« meinen), müssen sie demgemäß an der Beseitigung des Privateigentums und an der Ersetzung marktwirtschaftlicher Systeme durch ein System der Planwirtschaft mitarbeiten?[5]

Diese Fragen kann man auf zwei grundsätzlich verschiedenen *Verständnisebenen* beantworten. Man kann dabei einmal die Prämisse des sog. »wissenschaftlichen Sozialismus« übernehmen, und man kann dies zum anderen ohne eine Übernahme dieser Prämisse tun. Im *ersten Fall* hält man an der Vorstellung fest, es gäbe ein realgeschichtliches Bewegungsgesetz, daß über die Schaffung, Zuspitzung und Aufhebung von gesellschaftlichen Widersprüchen schließlich auf einen Zustand hinarbeitet, in dem der Mensch ganz seinem Wesen gemäß leben kann. Die Behauptung, an diesem universalgeschichtlichen Prozeß der Menschheitsbefreiung teilzuhaben, sichert dann einer konkreten revolutionären Aktion ihre emanzipatorische Wirkung, auch wenn diese Aktion — ohne marxistische Perspektive gesehen — nur neue Unfreiheiten zu bringen scheint. Die Inhumanitäten, die sich mit den Wirren einer proletarischen Revolution ergeben mögen, werden auf diese Weise zum »Morgenrot der kommenden Gesellschaft«, die Inhumanitäten des Kapitalismus dagegen zum »Abendleuchten einer untergehenden Gesellschaft«, wie es Ernst Bloch einmal ausgedrückt hat.

Diese Verstehensweise *können* Christen *nicht übernehmen,* und erst recht nicht kann davon die Rede sein, sie *müßten* das tun. Sie können nicht der Fiktion zustimmen, beim Gedankengebäude des historischen Materialismus handele es sich um das Abbild realdialektischer Vorgänge, sozusagen um das »auf den Begriff gebrachte« Bewegungsgesetz der Menschheitsgeschichte, wie man unter Verwendung eines Hegelschen Ausdrucks sagen könnte. Sie sollten vielmehr die spekulative Überhöhung durchschauen, die Marx an bestimmten ökonomischen und sozialen Phänomenen vorgenommen hat[6] und die Marxsche »Heilsgeschichte in der Sprache der Nationalökonomie«[7] entmythologisieren. Sie sollten vor allem erkennen, daß es mit der Entmythologisierung dieser »Heilsgeschichte« keine Möglichkeit mehr gibt, durch den Rückverweis auf einen menschheitsbefreienden Geschichtsprozeß konkrete revolutionäre Aktionen und deren Ergebnisse zu rechtfertigen. Freilich macht es die unübersehbare Affinität zur biblischen Lehre manchen Christen schwer, auf die heilsgeschichtlichen Obertöne der marxistischen Theorie zu verzichten.[8] Scheint hier doch ein Begriffssystem bereitzuliegen, das es erlaubt, christliche Reichs-Gottes-Hoffnung so zum Ausdruck zu bringen, daß davon die Strukturen dieser Welt unmittelbar betroffen werden und der Vorwurf, es ginge um reinen »Jenseits-Glauben«, entkräftet werden kann. Übersehen wird dabei häufig, wie stark der Inhalt der christlichen Botschaft verfälscht wird, wenn man sich bei ihrer Aktualisierung allzu leichtfertig auf die Prämissen der Marxschen Philosophie einläßt.

Bevor wir uns mit einer Antwort auf die eingangs gestellten Fragen unter Distanzierung von den Prämissen des »wissenschaftlichen Sozialismus« beschäftigen, wollen wir auf einige Konsequenzen zu sprechen kommen, die sich daraus ergeben, daß man eine *unklare Haltung* in der notwendigen Entmythologisierung der Marxschen Lehre einnimmt. Eine *erste Konsequenz* kann darin bestehen, daß man marxistische Machtverhältnisse im rosigen Licht der »Morgenröte der kommenden Gesellschaft« zu sehen beginnt und damit idealisiert. Man übernimmt damit, ob man will oder nicht, eine bestimmte Ideologie, wobei dieser Begriff in seinem ursprünglichen Sinne zu verstehen ist als eine interessengeleitete Verschleierung von Tatsachen. Dies ist z. B. der Fall, wenn man behauptet, daß in den östlichen Staaten »der Zweck der Wirtschaft... unmittelbar (!) auf die Interessen der Gesamtbevölkerung gerichtet ist«[9] und deshalb eine Entlastung der Wirtschaft von den durch den Westen »aufgezwungenen« Rüstungsausgaben »systemkonform« sei, während für den Westen das Gegenteil gelte: hier sei die Aufrechterhaltung von Rüstungsanstrengungen »systemkonform« (Helmut Gollwitzer).[10] Diese Übernahme der offiziellen sowjetischen Rechtfertigungsideologie läßt darauf schließen, daß man den spekulativen Charakter mancher Marxschen Aussagen nicht hinreichend klar erkannt hat und daß man deshalb geneigt ist, die Realität im verklärenden Licht dieser Spekulation zu interpretieren.[11]

Eine *zweite Konsequenz* aus einer unklaren Haltung zum spekulativen Charakter der Marxschen Lehre ergibt sich unmittelbar aus der ersten. Sie besteht in einer ideologischen Beschönigung einer marxistisch inspirierten Rüstungspolitik. Sie wird zum ausschließlichen Reflex von westlichen Rüstungsanstrengungen erklärt, wie es etwa in dem genannten Zitat von Helmut Gollwitzer zum Ausdruck kommt. Die systemimmanenten Wurzeln des Militarismus in marxistischen Staaten übersieht man dabei: die Nützlichkeit eines Feind-Komplexes bei der Stabilisierung autoritärer Herrschaftsverhältnisse, die Erleichterung planwirtschaftlicher Methoden durch eine militärische Erziehung der »Massen« (das Ausmaß, mit dem beispielsweise das Erziehungswesen der DDR militarisiert worden ist, hat einen sinnvollen Bezug zur Landesverteidigung längst verloren), den mit der Berufung auf Marx übernommenen Auftrag zur Ingangsetzung der »Weltrevolution«. Übersieht man das alles, dann wird ein christliches Friedensengagement unglaubwürdig, und die ungeheuere Zumutung sowie die grenzenlose Verheißung der Bergpredigt geraten aus dem Blick. Wer nämlich so tut, als gäbe es überhaupt keine Bedrohung, sondern nur eine selbsterzeugte Angst vor einem imaginären Feind, der verniedlicht die Bergpredigt. Reale Bedrohungen werden für ihn zur Angstpsychose aus »falschem Bewußtsein«, und das Gebot der Feindesliebe verwandelt er dadurch in eine Aufforderung zur historisch-materialistischen Selbsterziehung. (Wir werden im 4. Kapitel auf das Thema der Rüstungspolitik zurückkommen.)

Eine *dritte Konsequenz* besteht darin, daß man die Grenzen der marxistischen Gesellschaftskritik aus dem Auge verliert. Diese Kritik lebt vom dialektischen Grundansatz, wonach die »Negation der Negation« schließlich zur »Aufhebung« der Widersprüche führt. So gesehen hat es natürlich seinen Sinn, wenn aus allen publizistischen Rohren auf multinationale Konzerne, Arbeitgeber, Großbanken, Politiker usw. geschossen wird und wenn man dabei unermüdlich an der Schärfung seiner kritischen Munition arbeitet. Die Anprangerung des »Klassenfeindes« und die Denunziation ausbeuterischer Verhältnisse werden zum legitimen Mittel im Kampf um die Menschheitsbefreiung, wobei man in der Wahl der Worte nicht zimperlich zu sein braucht. Es ist erstaunlich, wie weit viele Christen meinen, diese Art der Gesellschaftskritik mitmachen zu können. Sie haben deren Grenze aus den Augen verloren, auf die man stößt, wenn man den Irrglauben an die emanzipatorische Kraft der »Negation der Negation« aufgibt. Macht man nämlich die spekulative Überhöhung des dialektischen Prinzips im sog. »wissenschaftlichen Sozialismus« nicht mit, dann wird deutlich, daß die Anprangerung und Denunziation Vertrauen zerstört, Kooperationsmöglichkeiten ausschließt und damit Konflikte verschärft, die sich keineswegs in einer revolutionären Entladung selbst »aufheben« und dadurch zum gesellschaftlichen Fortschritt führen müssen, sondern sich im Gegenteil als dauerhafte Behinderung sinnvoller Fortschritte erweisen können. (Vgl. dazu die Bemerkungen zur »revolutionär-reformerischen« Doppelstrategie, S. 28.) Christen machen sich schuldig an diesen Konsequenzen, wenn sie sich in einer naiven Weise an den Kampagnen marxistischer Gesellschaftskritik beteiligen.[12] Ganz abgesehen davon können sie sich bei diesem Vorgehen auch nicht mehr auf die Bibel berufen, die zwar den unmittelbaren Bußruf an den Schuldigen aber nicht dessen Denunziation vor Dritten kennt.[13]

Kehren wir jetzt zurück zu der eingangs gestellten Frage, ob Christen die Handlungsanleitungen des revolutionären Marxismus zu übernehmen haben, und versuchen wir dabei im *zweiten Fall* eine Antwort, ohne die Prämissen des sog. »wissenschaftlichen Sozialismus« zu übernehmen. Die geforderten Aktionen sind dann ausschließlich von ihren eigenen Ergebnissen her zu beurteilen; die Möglichkeit entfällt, sie im Kontext der Marxschen Geschichtsspekulation zu würdigen. Die Ergebnisse dieser marxistisch inspirierten Handlungen, die Opfer, die diese Handlungen mit sich bringen, und die möglichen Handlungsalternativen spielen dann die entscheidende Rolle bei der Beantwortung der eingangs genannten Frage.

Bei der Abwägung möglicher Handlungsalternativen mit ihren jeweiligen Opfern und Erfolgen hat die christliche Gemeinde vor allem auf das Wort ihres Herrn zu hören und dabei eine kritische Distanz zu weltanschaulichen Prämissen aller Art zu wahren. Dabei hilft es nicht weiter, wenn sie sich nur auf Einzelaussagen der Bibel beruft. Diese müssen vielmehr aus dem Kontext der *gesamten biblischen Botschaft* heraus verstanden werden; der Bericht über die gottgewollte Verbannung des Volkes Israel nach Babylon ist dabei z. B. ebenso in Erwägung zu ziehen wie der Bericht über die Befreiung dieses Volkes aus der ägyptischen Knechtschaft. Man verläßt die biblische Grundlage, wenn man nur das aus ihr herausgreift, was politisch gesehen jeweils opportun ist.

Bei diesem Versuch, den Gesamtzusammenhang der biblischen Botschaft wiederzugeben, hat die Gemeinde immer wieder bestimmte Lehrgebäude entwickelt, die sich in Einzelheiten zum Teil stark unterscheiden. Dementsprechend unterschiedlich sind auch die Akzente in den sozial-ethischen Entwürfen der christlichen Kirchen, insbesondere in den Entwürfen einer *Ethik des Politischen.* Es scheint aber, daß hinsichtlich unserer Fragestellung nach dem christlichen Engagement in einer sozialen Revolution eine Übereinstimmung verschiedener theologischer Lager in folgenden Punkten besteht: a) die gewaltsame Auflehnung gegen ein gewalttätiges und ungerechtes System darf immer nur die »ultima ratio« sein, nachdem alle Möglichkeiten eines gewaltlosen Widerstandes in einer evolutionären Verbesserung ausgeschöpft worden sind; b) die Gewaltanwendung erhält ihre Berechtigung aus den Ergebnissen des nach-revolutionären Zustandes, nicht aus dem revolutionären Akt selbst (»nicht die Gewaltanwendung selbst, sondern nur, was nach ihr kommen wird, trägt einen besonderen Wert in sich«);[14] c) die Gewaltanwendung dient der Erhaltung oder Wiederherstellung des Rechtes sowie des Zusammenlebens mit dem Gegner, nicht seiner Vernichtung; d) der durch eine Revolution angerichtete Schaden darf nicht größer sein als das in Frage stehende Rechtsgut (ein vorhandener Rest an rechtlich begründeter Ordnung darf z. B. nicht zerstört werden, wenn das voraussehbare Ergebnis ein völliges Chaos wäre); e) eine Revolution muß, auch wenn sie von einer Minderheit angeführt wird, vom deutlich erkennbaren Willen der Bevölkerungsmehrheit getragen sein und darf nicht bloß den Absichten einer Minderheit entsprechen.[15]

Geht man von diesen Kriterien aus und hat man die voraussehbaren Ergebnisse und Opfer einer marxistisch inspirierten Revolution vor Augen (vgl. Abschnitt 2.2), so wird man bestreiten müssen, daß in den *westlichen Industrieländern* die Beteiligung an einer solchen Revolution ein christlicher Imperativ sein kann. In diesem Sinne können Christen also keine »Sozialisten« sein, erst recht nicht kann man davon sprechen, daß sie es sein »müßten«. Jede Halbherzigkeit und jede Koketterie mit revolutionären Ideologien kann hier für die Gemeinde nur schädlich sein. Sie wird deshalb ihren Platz eher bei denen sehen müssen, die revolutionäre Umtriebe verhindern, als bei denjenigen, die sie aktiv oder passiv unterstützen. Das parlamentarische System besitzt trotz aller seiner Schwächen genügend Möglichkeiten, einen Ausgleich herbeizuführen, so daß das einzige Problem, bei dessen Lösung u. U. vom revolutionären Marxismus Erfolge erwartet werden können, nämlich die Ungleichheit materieller Lebensbedingungen zu verringern, für Christen kein hinreichender Grund für die Unterstützung einer Revolution sein kann. *Schweden* beispielsweise hat auf parlamentarisch-demokratischer Weise ein hohes Maß an Einkommensgleichheit verwirklicht (möglicherweise ist dieses Maß höher, als es aufgrund unvermeidlicher Konflikte mit dem Effizienzziel langfristig aufrechterhalten bleiben kann, vgl. dazu S. 37f. sowie Abschnitt 4.2). Wenn in anderen kapitalistischen Industrieländern nicht dasselbe Maß an Einkommensgleichheit verwirklicht worden ist, dann liegt es daran, daß hier die Bevölkerungsmehrheit bisher nicht dafür zu gewinnen war, möglicherweise deshalb, weil der Preis für eine solche Egalitätspolitik als zu hoch empfunden wurde (Tendenz einer Gleichschaltung der Bürger, Einschränkung persönlicher Freiheiten, Effizienzverluste). Wenn aber die Bevölkerungsmehrheit nicht hinter einem bestimmten Ziel steht, dann entfällt auch die Legitimation, dieses Ziel auf revolutionäre Weise zu verwirklichen. Die Unterstützung einer Minderheit, die auf revolutionärem Wege an die Macht kommen will, um dann eine strenge Egalitätspolitik durchzuführen, kann jedenfalls nicht Aufgabe der Kirche sein. Läßt sie Zweifel daran aufkommen, dann ist zu vermuten, daß sie mit einer klerikal untermauerten Erziehungsdiktatur liebäugelt.

Die Frage nach der Unterstützung marxistisch inspirierter Revolutionen muß auch im Hinblick auf die internationalen Wohlstandsunterschiede gestellt werden. Dabei ist zunächst auf die Möglichkeiten einzugehen, durch nationale Revolutionen in den Industrieländern *internationale* Bedingungen zu schaffen, die eine Angleichung der materiellen Lebensbedingungen zwischen armen und reichen Ländern ermöglichen. Diese Möglichkeiten sind äußerst skeptisch zu beurteilen. Wie die Ausführungen im Abschnitt 2.2 gezeigt haben, werden marxistisch inspirierte nationale Revolutionen die einzelstaatlichen Egoismen nicht beseitigen (S.35f.). Eine sozialistische Staatengemeinschaft, in der die relativ entwickelten Länder uneigennützige Opfer zugunsten der relativ unterentwickelten Länder erbringen, ist deshalb eine Fiktion. Man könnte natürlich argumentieren, daß der christliche Einfluß in einer solchen Staatengemeinschaft geltend gemacht werden könnte, um den nationalen Egoismus der reichen Länder zu überwinden. Aber diese Möglichkeit haben die Kirchen auch ohne eine Revolution. Im übrigen verkennt man die Entwicklungsproblematik, wenn man die entscheidenden Lösungen von neuen Bedingungen der Weltwirtschaft erwartet. Der Ansatz für eine Lösung liegt vor allem auf der nationalen Ebene der Entwicklungsländer selbst. Vollziehen sich hier grundlegende Wandlungen, dann können auch die bisherigen Bedingungen der Weltwirtschaft einen positiven Entwicklungsprozeß nicht verhindern; bleiben dagegen solche Wandlungen aus, dann führen auch veränderte Bedingungen der Weltwirtschaft nicht zu einem positiven Entwicklungsprozeß.

Damit ist die Frage gestellt, ob Christen nicht eine Aufgabe darin sehen müssen, revolutionäre Wandlungen in den *Entwicklungsländern* zu unterstützen. Dies ist vor allen Dingen eine Frage an die Christen in diesen Ländern selbst. Verständlicherweise hat sie vor allem dort eine Rolle gespielt, wo — wie in Lateinamerika — die christlichen Gemeinden eine bestimmte Bedeutung am öffentlichen Leben besitzen; wo die Gemeinden eine unbedeutende Minderheit darstellen — wie etwa in zahlreichen asiatischen Ländern — ist diese Frage weniger akut geworden. Die »grundlegenden Wandlungen«, von denen die Rede war, müssen in allen diesen Ländern sehr viel umfassen: die Mentalität der Bevölkerung; die Einstellung der Menschen zur individuellen und zur gemeinsamen Arbeit; das Verhalten der politischen Führung und der Beamtenschaft; die Herrschaftsstrukturen auf kommunaler, regionaler und nationaler Ebene; die Eigentumsverhältnisse; die Organisation des Außenhandels; die Ausbildung und das Verhalten der Unternehmerschaft; das Verhältnis der Entwicklungsländer untereinander; die wirtschaftlichen, kulturellen und politischen Beziehungen zu den Industrieländern, die Rüstungspolitik usw. Jede monokausale Erklärung des Entwicklungsproblems wäre zu einfach, wie wir im Abschnitt 1.1 gesehen haben, und jede partielle Änderung an den Ursachen der Unterentwicklung kann deshalb das Gegenteil der beabsichtigten Wirkung hervorrufen (eine Verstaatlichung der Produktionsmittel kann, wenn alles andere gleich bleibt, zu noch größerer Korruption und Verschwendung führen, die Ungleichheit der materiellen Lebensbedingungen kann sich dadurch vergrößern und die Versorgung der Bevölkerung mit lebenswichtigen Gütern verschlechtern). Man kann natürlich sagen, die Unterentwicklung sei nur durch eine »totale Revolution« zu überwinden, die alle genannten Bereiche erfaßt. Aber damit hat man lediglich das Problem umschrieben und noch keinen Lösungsweg aufgezeigt.

Behält man diese Dimension des Entwicklungsproblems im Auge, so lautet die relevante Frage für Christen in den Entwicklungsländern, ob sie mit der Unterstützung konkreter Aktionen zur revolutionären *Änderung der Machtverhältnisse* zumindest einen Beitrag zur eigentlich notwendigen Revolution leisten können und ob dieser Beitrag größer ist als derjenige, den die Gemeinde bei gegebenen Machtverhältnissen zum Zustandekommen dieser Revolution leisten kann. Die Tatsache, daß sich eine revolutionäre Gruppe auf den Marxismus-Leninismus beruft, hilft bei der Beantwortung dieser Frage nicht viel weiter, und dasselbe gilt für den Hinweis, daß die »objektiven Bedingungen« für eine marxistische Revolution abgewartet werden müßten (diese Bedingungen waren nirgends gegeben und werden niemals gegeben sein, siehe S. 26). Auch revolutionäre Haitianer, Kolumbianer, Argentinier usw., die Karl Marx studiert haben, sind nicht immun gegen die Korrumpierung durch Macht und nicht frei von den Verstrickungen in die entwicklungsfeindlichen Elemente ihrer nationalen Kultur;[16] bekanntlich haben auch die intellektuellen Führer des kambodschanischen Pol-Pot-Regimes ausführlich Karl Marx studiert! Ohne einsichtige, intelligente, integre revolutionäre Führungsgruppe, die die Bevölkerung zur geduldigen und opferbereiten Mitarbeit über Generationen hinweg motivieren kann, wird ein revolutionärer Machtwechsel die Verhältnisse möglicherweise noch verschlechtern und ein Land noch weiter von der eigentlich notwendigen Revolution entfernen. Wenn eine nüchterne Abwägung aller Gegebenheiten unter Beachtung der genannten Kriterien einer »Ethik der Revolution« dieses Ergebnis erwarten läßt, dann kann die Unterstützung von Aktivitäten zum gewaltsamen Umsturz sicher nicht die Aufgabe der christlichen Kirchen sein. Sie werden ihre Aufgabe vielmehr darin sehen müssen, durch eine opferbereite missionarisch-diakonische Arbeit in ihrem Land einen Beitrag zur Verbesserung der eigentlichen Entwicklungsvoraussetzungen zu leisten. Was man den Kirchen in Entwicklungsländern vor allem wünschen muß, ist diese Nüchternheit der Abwägung — die man als Christ in den reichen Industrieländern natürlich nur dann wünschen kann, wenn man zugleich zur größtmöglichen Unterstützung der missionarisch-diakonischen Aufgaben der Kirchen in Entwicklungsländern bereit ist und wenn man diese Entwicklungsbemühungen auch politisch unterstützt (vgl. Kap.5).

Es sind nun allerdings auch Fälle denkbar, in denen diese Abwägung zu dem Ergebnis führt, daß ein Wandel der politischen Machtverhältnisse die Grundvoraussetzung für alle übrigen Änderungen ist und daß *berechtigte Aussichten* bestehen, daß die eigentliche Revolution nach einem Machtwechsel zügig vorangetrieben wird. In diesem Fall *können* Christen »Sozialisten« in einem revolutionären Sinne des Wortes sein. Man wird daraus aber keinen »status confessionis« machen dürfen, d. h. die Frage des Christseins darf nicht von der Unterstützung eines gewaltsamen Umsturzes abhängig gemacht werden.

Auch in diesem Fall kann also nicht gelten, daß Christen Sozialisten sein »müssen«.[17]

Unterschiedliche Haltungen einzelner Gemeindeglieder werden in einer solchen Situation zu schweren *Zerreißproben* für die Gemeinde führen, woraus sich nur dann kein Bruch ergeben wird, wenn dem gemeinsamen Bekenntnis ein höherer Rang eingeräumt wird als einem revolutionären Programm. Insbesondere die Möglichkeiten, die Eigendynamik der nach-revolutionären Ära umzulenken, werden innerhalb der Gemeinde unterschiedlich eingeschätzt werden; eine marxistisch inspirierte Revolution tendiert nun einmal zur Errichtung autoritärer Herrschaftssysteme, die durch eine bürokratische Planung, durch eine Machtkonzentration in den Händen der politischen Elite und durch Einschränkungen persönlicher Freiheitsrechte gekennzeichnet sind. Auch Christen, die einen revolutionären Machtwechsel befürworten, werden deshalb in der nach-revolutionären Zeit umso wachsamer auf Anzeichen eines Machtmißbrauches achten müssen.

Die Ereignisse in *Nicaragua* sind hervorragend geeignet, diese Zusammenhänge zu illustrieren. Viele Christen dieses Landes sahen unter dem Regime der Familie Somoza keine Möglichkeit für eine menschenwürdige Entwicklung. Sie unterstützten deshalb die sandinistische Befreiungsfront. Dabei erhielten sie auch die Unterstützung ausländischer Christen. Es soll dabei nicht unerwähnt bleiben, daß der entscheidende Schritt zur Verkürzung der revolutionären Leiden und zur Ablösung des alten Regimes vom damaligen Präsidenten Carter getan wurde, der aus der christlichen Motivierung seiner Politik nie einen Hehl gemacht hatte. Wenn manche Christen in Nicaragua heute eine kritische Haltung gegenüber der neuen Regierung einnehmen, weil die voraussehbaren Eigengesetzlichkeiten der nach-revolutionären Ära überdeutlich in Erscheinung getreten sind, dann bleiben sie ihrem Auftrag treu. Umso peinlicher muß es dagegen wirken, wenn gegenwärtig manche Christen in den westlichen Industrieländern, die sich kaum in die tatsächlichen Verhältnisse Nicaraguas einfühlen können, ihre Mitchristen in diesem Land zur bedingungslosen Unterstützung der sandinistischen Regierung meinen auffordern zu müssen.

Diesen Abschnitt *zusammenfassend* können wir Folgendes sagen. Christen »müssen« ganz gewiß keine Sozialisten in einem revolutionär-marxistischen Sinne sein, aber sie *können* bei nüchterner Abwägung aller Alternativen in Einzelfällen zu der Überzeugung kommen, daß die Befürwortung eines revolutionären Machtwechsels sinnvoll sei. Sie haben dabei die Kriterien einer biblisch begründeten »Ethik des Politischen« im Auge zu behalten; sie sollten nicht übersehen, daß eine marxistisch inspirierte Revolution eine bestimmte Eigendynamik besitzt, die sich nur schwer korrigieren läßt, und es sollte ihnen vor allem bewußt sein, daß der Weg der Gewaltlosigkeit dem christlichen Glauben sehr viel angemessener ist als derjenige der Gewalt. Was sie auf keinen Fall mitmachen können, ist eine ideologische Überhöhung des revolutionären Geschehens, wie es etwa im sog. »Wissenschaftlichen Sozialismus« vorgenommen wird. Christen sollten ferner erkennen, daß ein marxistisch inspirierter Machtwechsel im günstigsten Fall ein erster Schritt in Richtung auf eine grundlegende Umgestaltung der Verhältnisse eines einzelnen Landes sein kann. Es ist keineswegs gesagt, daß dieser Schritt für alle Länder notwendig ist. Schließlich kann auch nicht übersehen werden, daß der Sozialismus revolutionär-marxistischer Prägung zu spezifischen Formen der Inhumanität tendiert. Die Menschheit hätte deshalb wenig Grund zur Hoffnung, sollte (im Blick auf diese Art des Sozialismus) die Alternative tatsächlich lauten: »Sozialismus oder kapitalistische Barbarei«.[18]

3. Kapitel: Die kapitalistische Verheißung

3.1 Die kapitalistische Utopie

Angeregt durch eine moderne Amos-Interpretation und ausgehend von der Frage nach den politischen Möglichkeiten zur Überwindung des weltweiten Armutsproblems haben wir uns im 2. Kapitel mit dem Marxismus beschäftigt. Nicht nur die Anwälte einer revolutionär-marxistischen Systemüberwindung versprechen eine Beseitigung der Weltarmut. Dasselbe gilt auch für die Apologeten einer *liberal-kapitalistischen Systemerneuerung*. Für viele mag dieses Versprechen von vornherein als unglaubwürdig erscheinen, gilt doch »Kapitalismus« mittlerweile als Inbegriff der Ausbeutung und Habgier. Doch wie weit man sich damit von einer präzisen historischen Begrifflichkeit entfernt hat, kann beispielsweise ein Blick auf die berühmte Kapitalismus-Studie von Max Weber lehren. Dort heißt es etwa: »Schrankenloseste Erwerbsgier ist nicht im mindesten gleich Kapitalismus, noch weniger gleich dessen 'Geist'. Kapitalismus *kann* geradezu identisch sein mit Bändigung, mindestens mit rationaler Temperierung dieses irrationalen Triebes.«[1] Max Weber betont des weiteren, daß eine »absolute Skrupellosigkeit der Geltendmachung des Eigeninteresses beim Gelderwerb« geradezu als »ein ganz spezifisches Charakteristikum« solcher Länder anzusehen sei, »deren bürgerlich-kapitalistische Entfaltung...rückständig geblieben war.«[2]

Es ist also Vorsicht am Platze, wenn wir Begriffe verwenden, denen ihre ursprüngliche Bedeutung nicht mehr anzusehen ist und die in einer ziemlich wahllosen Weise als *Schimpfwort* verwendet werden. Nahezu unverantwortlich wird es, wenn die christliche Gemeinde, ausgehend von einem derartigen Gebrauch des »Kapitalismus«-Begriffs, zur Revolutionierung des »Kapitalismus« aufgefordert wird. Mit einer verantwortlichen, biblisch fundierten Prüfung unserer gesellschaftlichen Verhältnisse hat ein solches Vorgehen wenig zu tun, und daran ändert auch die Tatsache nichts, daß auf einzelne Stellen des Alten und Neuen Testamentes verwiesen wird, die sich (scheinbar) besonders gut für eine Kapitalismus-Kritik vereinnahmen lassen. Nicht einmal auf der Höhe der Marxschen Gesellschaftsanalyse befindet man sich bei einer derartigen Denkweise. Marx wußte sehr wohl, daß die zerstörerische Kraft des Kapitalismus die einer »schöpferischen Zerstörung« (Schumpeter) war. Es ist nicht ironisch gemeint, wenn er im kommunistischen Manifest davon spricht, daß erst die Bourgeoisie (und wir könnten auch sagen »der Kapitalismus«) »bewiesen hat, was die Tätigkeit der Menschen zustande bringen kann. Sie hat ganz andere Wunderwerke vollbracht als ägyptische Pyramiden, römische Wasserleitungen und gotische Kathedralen.«[3]

Natürlich läßt sich am Kapitalismus sehr viel kritisieren. Wir werden darauf zurückkommen. Wir sollten aber nicht übersehen, daß auch er seine *Utopie* besitzt. Es lohnt sich, nach dem Inhalt dieser Utopie zu fragen, denn im Blick auf sie wird heute eine kapitalistische Erneuerung unserer Wirtschafts- und Gesellschaftsordnung gefordert, und sie motiviert bis heute die Politik mancher Staaten. Die Tatsache, daß die Wirklichkeit dieser Staaten weit von der kapitalistischen Utopie entfernt ist, kann gegen diese Utopie ebenso wenig — oder ebenso viel — geltend gemacht werden wie die Tatsache, daß die Wirklichkeit sozialistischer Staaten weit von der marxistischen Utopie entfernt ist gegen jene Utopie geltend gemacht werden kann.

Zur Formulierung der kapitalistischen Utopie haben viele beigetragen. An erster Stelle ist dabei an Adam Smith zu denken.[4] Andere — wie z. B. Milton Friedman und Friedrich A. von Hayek haben sein Werk in neuerer Zeit fortgeführt.[5] Aufschlußreich ist die Tatsache, daß A. Smith's Buch »Über den Reichtum der Nationen«, das als ein Manifest des kapitalistischen Weges aus der Armut angesehen werden kann, ebenso wie das kommunistische Manifest als eine *Kampfschrift* entstanden ist. Ihr Gegner war die Wirtschaftsdoktrin des Absolutismus. Nach ihr hatte der Staat — verkörpert im Willen des Herrschers — über Ziele und Wert aller wirtschaftlichen Tätigkeiten einer Nation zu befinden. Was in der Wirtschaft zählte, waren die Interessen des Staates, die vom Herrscherhaus repräsentiert wurden. Dabei konnte der Herrscher, wie etwa im aufgeklärten Absolutismus Preußens, durchaus die Züge eines treusorgenden Landesvaters besitzen, der auf das Wohl seiner Landeskinder bedacht war.

»Schluß mit dieser Bevormundung durch den Staat!« — das war der Kampfruf Adam Smith's, und Smith begründete ihn mit der festen Überzeugung, daß der einzelne Bürger selbst am besten wisse, was ihm nütze. Er brauche dazu keinen Landesvater, und — so könnten wir heute ergänzen — kein Politbüro. Ziel des Wirtschaftens solle es deshalb sein, die *individuellen Bedürfnisse* der einzelnen Bürger zu befriedigen und nicht die Interessen des Staates. Wenn jeder vornehmlich für seine eigenen Interessen arbeite, dann würden auch Tatkraft,

Fleiß, Erfindungsgabe und Unternehmungslust viel stärker aktiviert, als wenn jeder nur auf Befehl des Staates und für dessen Interessen arbeiten müsse, auch wenn die Repräsentanten des Staates noch so überzeugend vom »Gemeinwohl« redeten, das sie angeblich im Auge hätten. Adam Smith war sehr skeptisch im Blick auf diejenigen, die ständig vom »Gemeinwohl« sprachen. Er sagte, er hätte wenig Gutes von ihnen erfahren; sein Verdacht war, sie würden nur deshalb ständig das Gemeinwohl im Munde führen, um davon abzulenken, daß es ihnen in Wirklichkeit um ihre eigenen Interessen gehe. (Es wird deutlich, wie aktuell Adam Smith auch heute noch sein kann!)

Von entscheidender Bedeutung ist bei diesem Ansatz der *unmittelbare Zusammenhang* zwischen individueller *Leistung* und *individuellem wirtschaftlichen Wohlergehen*. Wer sich keine Mühe gibt, der »verdient« auch nichts, in einem doppelten Sinne des Wortes, so lautet hier die Devise. Es darf demnach keine wirtschaftlichen »Trittbrettfahrer« der gesellschaftlichen Produktion geben, d. h. solche, die nichts leisten, aber von der Leistung Anderer leben. Ausgeschlossen werden damit Ansprüche an ein Kollektiv, da diese Ansprüche unvermeidlicherweise Verpflichtungen gegenüber dem Kollektiv nach sich ziehen würden. Das bedeutet beispielsweise, daß der Staat keine bzw. möglichst wenig soziale Aufgaben übernehmen solle, weil sie ihm das Recht geben würden, seinerseits dem Bürger bestimmte Verpflichtungen aufzuerlegen. Der Staat habe sich im wesentlichen darauf zu beschränken, bestimmte Regeln festzulegen und deren Einhaltung zu überwachen, damit der genannte Zusammenhang möglichst ungeschmälert zur Geltung kommen könne. Auch wo der Staat selbst tätig werde, wie z. B. in der Geldpolitik, habe er sich an bestimmte Regeln zu halten und das bestehende Recht zu respektieren. Insofern gelte eine »Herrschaft des Rechts«, dem sich die Träger staatlicher Macht ebenso zu beugen hätten wie die einzelnen Bürger und in der die erträglichste Form der Machtausübung gesehen wird.

Wie wird nun aber dafür gesorgt, daß sich nicht die niedrigsten Instinkte durchsetzen, wenn der einzelne für seinen eigenen wirtschaftlichen Vorteil arbeitet? Wie wird dafür gesorgt, daß auf diese Weise nicht ein zerstörerischer Kampf Aller gegen Alle entsteht? Auf dreierlei Weise. *Erstens* rechnete Adam Smith damit, daß in jedem Menschen eine *Gegenkraft zum puren Egoismus* vorhanden sei. Er nannte sie »Sympathie«. Adam Smith hatte dabei die Verhältnisse Englands im 18. Jahrhundert vor Augen. Den Studien von Max Weber und Tawney verdanken wir den Hinweis auf die Bedeutung des Protestantismus für die Herausbildung der Ethik und der Wirtschaftsgesinnung der damaligen Zeit. Christlicher Glaube, der die Klostermauern hinter sich gelassen hatte und zur Bewährung in der Welt aufgerufen war, hatte also einen entscheidenden Anteil an der Entstehung der ethischen Grundlagen, an die Adam Smith dachte, als er von der Zügelung des Erwerbsstrebens sprach.

Zweitens sah Adam Smith in *funktionsfähigen Märkten* innerhalb einer arbeitsteiligen Wirtschaft die Gewähr dafür, daß die Verfolgung des Einzelnutzens mittelbar auch der Allgemeinheit zugute kommen könne. In einer arbeitsteiligen, auf Freiwilligkeit beruhenden und rechtlich geordneten Gesellschaft kann nach Ansicht von A. Smith jeder einzelne nur dadurch gewinnen, daß er anderen etwas bietet. Der Landwirt z. B. werde nur dann einen Gewinn machen können, wenn er uns möglichst gute Nahrungsmittel liefere, und sein Gewinn werde umso höher sein, je mehr die Qualität seiner Produkte diejenige von Konkurrenzprodukten übertreffe. Ein berühmtes Zitat von A. Smith lautet: »Nicht vom Wohlwollen des Fleischers, Bäckers oder Bauers erwarten wir unser Essen, sondern von ihrer Rücksicht auf den eigenen Vorteil.« Jeder sucht zwar seinen eigenen Vorteil, aber der Wettbewerb um möglichst gute Eigenleistungen, mit denen man einen Anspruch auf die Leistungen anderer erwirbt, sorgt wie eine »unsichtbare Hand« dafür, daß alle profitieren.

Wo also die »Sympathie« allein zu schwach ist, den Egoismus zu zügeln, sorgt der marktwirtschaftliche Leistungswettbewerb dafür. Er ist einem Mechanismus vergleichbar, der das Zusammenwirken der Einzelinteressen zum *Gesamtwohl* bewirkt. Zugleich stimuliert er die Leistungsbereitschaft aller Bürger mit dem Ergebnis, daß die gesellschaftliche Produktion zunimmt und dadurch der für alle verfügbare *Wohlstand wächst*. Nach liberal-kapitalistischer Auffassung ist es ein Zerrbild vom marktwirtschaftlichen Wettbewerb, wenn man behauptet, was einer der Teilnehmer gewinne, müsse ein anderer verlieren; so gesehen wäre der Wettbewerb ein sog. »Null-Summen-Spiel«. Es wird vielmehr behauptet, daß durch den rechtlich geregelten Leistungswettbewerb *alle gewinnen* können; es handele sich also um ein »Positiv-Summen-Spiel«. Zwar könnten die Gewinne der einzelnen Marktteilnehmer, d. h. ihre Anteile am wachsenden Sozialprodukt, unterschiedlich groß sein. Aber dies sei unvermeidlich, solange Unterschiede hinsichtlich der menschlichen Intelligenz, des Arbeitseifers, der Erfindungsgabe, der Risikobereitschaft usw. bestünden. Im übrigen sorge die Tatsache, daß die genannten Eigenschaften nur begrenzt vererbbar seien, für einen natürlichen Wechsel in der Gruppe der Besserverdienenden. Im Zeitablauf gebe es also eine Rotation innerhalb der Einkommenspyramide. Schließlich könnten unerträgliche Einkommensdifferenzen auch durch eine private Karitas abgemildert werden (bekanntlich haben private karitative Stiftungen im 19. Jahrhundert eine große Rolle gespielt).

Drittens fordert A. Smith eine *strikte Gleichheit vor dem Gesetz* und die *Beseitigung aller Privilegien,* die nicht auf eigenen Leistungen beruhen. Nur so könne vom marktwirtschaftlichen Wettbewerb ein Ausgleich der Einzelinteressen erwartet werden. Dies bedeutet, daß für alle Marktteilnehmer prinzipiell dieselben rechtlichen Bedingungen gelten müssen. Mit anderen Worten: die rechtlichen Startchancen im Leistungswettbewerb müssen gleich sein, für alle soll gelten: »Freie Bahn dem Tüchtigen.« Deshalb ist z. B. die Institution der Sklavenhaltung mit der Utopie einer kapitalistischen Marktwirtschaft nicht zu vereinbaren. Die Führer der Nordstaaten im amerikanischen Bürgerkrieg hatten das durchaus begriffen, als sie die Sklavenhaltung in den USA beseitigten. Streng genommen ist es mit dieser Utopie auch nicht zu vereinbaren, wenn die Lohnarbeiter keine Produktionsmittel besitzen, insofern dadurch die volle rechtliche Gleichstellung im Abschluß von Arbeitsverträgen unterlaufen wird.[6] Die Vertreter eines kapitalistischen Liberalismus sind deshalb konsequent, wenn sie heute eine Beteiligung der Arbeitnehmer am Produktivvermögen fordern.[7] Nimmt man die kapitalistische Utopie ernst, dann führt sie zu geradezu revolutionären Konsequenzen. Es ist deshalb kein Wunder, wenn sich die Radikalität einiger Forderungen der ordoliberalen Schule mit derjenigen marxistischer Forderungen durchaus messen läßt.[8]

Auch die *Verheißungen* der kapitalistischen Utopie sind mit denen der marxistischen Utopie durchaus vergleichbar: die Massenarmut wird durch allgemeine Stimulierung der Leistungskräfte überwunden, die freiwillige Kooperation in einer arbeitsteiligen Gesellschaft sorgt für ein Optimum an gemeinsamer Güterversorgung, die Macht des Staates wird zurückgedrängt (was dem »Absterben des Staates« in der marxistischen Utopie nahekommt), die politische Freiheit des Bürgers (»Herrschaft des Rechts«) ergänzt seine Freiheit in der wirtschaftlichen Betätigung. Es wird behauptet, daß diese Erfolge jedem Land offen stünden, das sich entsprechend der kapitalistischen Utopie verhalte. Insofern lasse sich auch das Problem der Weltarmut lösen. Ebenso wenig wie auf nationaler Ebene sei auch international gesehen der marktwirtschaftliche Wettbewerb ein »Null-Summen-Spiel«. Das bedeutet, daß es bei konsequenter, weltweiter Anwendung kapitalistischer Spielregeln keine Ausbeutung gebe, sondern vielmehr ein allgemeines Wachstum, von dem alle profitieren könnten, wenn auch möglicherweise in unterschiedlichem Ausmaß. Es könne beispielsweise sein, daß nationale Unterschiede im Fleiß, dem Erfindungsreichtum, dem unternehmerischen Spürsinn usw. eine »Rotation« in der internationalen Einkommenshierarchie zur Folge hätten; bisher als »arm« geltende Länder würden innerhalb dieser Hierarchie aufsteigen, bisher »reiche« Länder absteigen. Schließlich lasse ein freier Güter- und Leistungsverkehr über die Grenzen hinweg gemeinsame Interessen entstehen und schaffe dadurch die Grundlage für eine internationale Friedenspolitik.

3.2 Die Grenzen des Kapitalismus

Die kapitalistische Utopie enthält zahlreiche Voraussetzungen, die sich der politischen Gestaltung teilweise entziehen. Konzentriert man sich auf diejenigen Teile der Utopie, die zum Gegenstand *politischen Handelns* gemacht werden können, dann erscheinen folgende Aktionen als vordringlich: die staatliche Einmischung in das aktuelle Wirtschaftsgeschehen ist soweit wie möglich zu beschränken, die Einhaltung marktwirtschaftlicher Spielregeln ist zu überwachen, es ist für eine Startchancengleichheit im rechtlichen Sinne zu sorgen, es ist nach Möglichkeit alles zu vermeiden, was den unmittelbaren Zusammenhang zwischen individueller Leistung und individuellem Wohlstand verfälschen könnte (also z. B. auch eine ausgedehnte Sozialpolitik mit Umverteilungscharakter). Entsprechende Maßnahmen werden von Industrie- wie Entwicklungsländern gefordert. Insbesondere die US-amerikanische Reagan-Regierung hat sich für eine Erneuerung des liberal-kapitalistischen Systems durch eine konsequente Befolgung der genannten Handlungsanleitung ausgesprochen. Reagan hat keinen Zweifel daran gelassen, daß er eine solche Politik nicht nur für die USA, sondern auch für alle anderen Länder als die beste ansieht, und von dieser Ansicht ist die Außenhandels- und Entwicklungspolitik der größten westlichen Wirtschaftsmacht seit dem Regierungswechsel im Jahre 1980 deutlich geprägt.[1] Vereinfachend gesagt werden alle Staaten aufgefordert, den »Marktgesetzen« möglichst großen Spielraum zu lassen in der Erwartung, daß dann die kapitalistische Verheißung in Erfüllung gehen wird.

Doch damit ist nicht zu rechnen. Aktionen der genannten Art können völlig andere Ergebnisse zur Folge haben, als die kapitalistische Utopie sie verheißt. Der Grund liegt darin, daß die *Voraussetzungen,* unter denen diese Verheißung gilt, nur *in sehr unvollkommener Weise erfüllt* sind und daß sie auch durch politisches Handeln oft nur in unzureichendem Maße beeinflußt werden können. Folgende Voraussetzungen sind u. a. in diesem Zusammenhang zu nennen:

a) eine markt-adäquate Reaktion der Wirtschaftsteilnehmer,
b) eine tragfähige ethische Grundlage für die Befolgung einzelwirtschaftlicher Interessen,
c) die Einbeziehung aller Kosten und Erträge in das einzelwirtschaftliche Kalkül,
d) ein funktionsfähiger Wettbewerb auf allen Märkten,
e) die Gleichheit vor dem Gesetz.

Wir wollen im folgenden untersuchen, was die Nichterfüllung dieser Voraussetzungen im einzelnen bedeuten kann und dabei insbesondere auf die Verhältnisse der Entwicklungsländer eingehen. Im Anschluß daran wollen wir nach den Konsequenzen fragen, die sich in diesen Fällen aus der Befolgung der kapitalistischen Handlungsanleitung ergeben können.

Zu a) Die markt-adäquate Reaktion der Wirtschaftsteilnehmer

Nach der kapitalistischen Utopie wird erwartet, daß jeder einzelne Wirtschaftsteilnehmer auf Verdienstmöglichkeiten, die ihm vom Markt signalisiert werden, mit entsprechenden *Leistungen* reagiert und damit zur Erhöhung des gesamtwirtschaftlichen Leistungsangebotes beiträgt. Vorausgesetzt wird, daß der einzelne Bürger zur Erbringung dieser Leistung willens und daß er dazu auch fähig ist. Beides ist vor allem in Entwicklungsländern häufig nicht der Fall. Nehmen wir z. B. einen Fischer, dessen Mentalität es entspricht, bei steigenden Fischpreisen weniger zu arbeiten, weil er nicht an einem höheren Einkommen, sondern an der Aufrechterhaltung seines bisherigen Lebensstandards interessiert ist. Die Folge ist, daß eine Lebensmittelverknappung in den Städten, die die Ursache der Preissteigerung gewesen sein kann, keinen Impuls zur Angebotssteigerung auslöst. Das marktwirtschaftliche Anreiz- und Lenkungssystem führt also nicht zu einem Produktionswachstum, von dem die städtische Bevölkerung profitieren könnte, sondern eventuell nur zu einer Preissteigerung, die einigen Spekulanten nützt.

Die Ursache einer solchen »perversen« Reaktion im Sinne des gewünschten Markt-Verhaltens kann auch darin bestehen, daß Menschen aufgrund ihrer physischen und psychischen Verfassung gar *nicht in der Lage* sind, sich bietende *Marktchancen wahrzunehmen*. Sie können beispielsweise durch eine chronische Unterernährung so geschwächt sein, daß sie gar nicht in der Lage sind, eine sich bietende Arbeitsmöglichkeit anzunehmen bzw. eine bestimmte Ausbildung durchzustehen, die notwendig wäre, um einen bestimmten Arbeitsplatz ausfüllen zu können. Es fehlt ihnen offenbar an den elementaren gesundheitlichen Voraussetzungen für ein »markt-gerechtes« Verhalten. Dies ist das Schicksal vieler Millionen Menschen in den Entwicklungsländern. Es wäre reiner Zynismus, wollte man in diesen Fällen von einer Automatik der »Marktgesetze« bei der Überwindung der Armut sprechen.

In diesem Zusammenhang soll auf ein allgemeines *bevölkerungspolitisches Problem* hingewiesen werden, das ebenfalls deutlich macht, daß die Menschen in Entwicklungsländern durch Marktsignale häufig nicht zu einem Verhalten veranlaßt werden, das zur Überwindung der Armut führen könnte. Die Höhe des mit einer bestimmten Tätigkeit verbundenen Einkommens kann als ein solches Marktsignal aufgefaßt werden. Je geringer dieses Einkommen ist, umso größer müßte eigentlich das Interesse einer Familie sein, die Zahl ihrer Kinder zu beschränken. Doch das Gegenteil läßt sich meistens beobachten: je niedriger das Einkommen der Familie, umso größer die Zahl ihrer Kinder. Ein derartiges Verhalten ist subjektiv gesehen durchaus verständlich. Je ärmer beispielsweise ein Bauer, umso mehr ist er auf billige Familienarbeitskräfte angewiesen und umso mehr ist er in seinem Alter von der Unterstützung der nachwachsenden Generation abhängig. Je größer aber die Zahl der Kinder, die er aus diesen Gründen wünscht, umso weniger bleibt für Ersparnisse und Investitionen übrig, und umso höher ist künftig die Zahl der Arbeitssuchenden. Im Blick auf den »Arbeitsmarkt« ist ein derartiges Verhalten also »pervers«: niedrigere Einkommen führen nicht zu einem geringeren, sondern nach Ablauf einiger Jahre zu einem höheren Angebot an Arbeitskräften.

Daraus kann ein *Teufelskreis der Armut* entstehen: je größer die Armut, umso höher die Kinderzahl und die Zahl der Arbeitssuchenden in künftigen Jahren, umso größer wird dann aber auch (aufgrund unzureichender Kapitalbildung) das künftige Elend sein. Die kapitalistische Utopie hat für dieses Problem nur die lakonische Antwort parat, die Geburtenraten in den Entwicklungsländern müßten drastisch gesenkt werden, andernfalls müßte das zunehmende Elend (über höhere Sterberaten) dafür sorgen, daß sich die »richtige« Bevölkerungsgröße von selbst einpendelt.[2]

Zu b) Eine tragfähige ethische Grundlage für die Befolgung der einzelwirtschaftlichen Interessen

Wir erinnern uns, daß A. Smith von der englischen Wirtschaftsgesinnung des 18. Jahrhunderts ausging, als er seine Lehre aufstellte. Diese *Wirtschaftsgesinnung* war von bestimmten Formen der christlichen Ethik geprägt. Nicht überall auf der Welt bestehen vergleichbare Voraussetzungen, und auch in den westlichen Industrieländern sind die ursprünglichen ethischen Voraussetzungen der kapitalistischen Entwicklung gerade durch die Erfolge dieser Entwicklung unterhöhlt worden. Gehen wir zunächst auf den *ersten* Aspekt ein.

Ein gutes Illustrationsbeispiel bietet in diesem Zusammenhang der *hinduistische Kulturraum*. Die Hinwendung zum notleidenden Mitmenschen besitzt hier einen ganz anderen religiös motivierten Stellenwert, als dies etwa im christlichen Kulturraum der Fall war. Vieles deutet darauf hin, daß etwa der Glaube an eine Seelenwanderung einen gewissen Fatalismus entstehen ließ, der dazu führte, daß das Elend der gesellschaftlichen Unterschichten von den Begüterten keineswegs als ein dringender Appell an ihr soziales Gewissen aufgefaßt wurde. Die Einbettung einzelwirtschaftlichen Erwerbsstrebens in den Kontext einer Sozialethik, die zu solidarischem Handeln aufforderte, ist hier also kaum gegeben. In diesem Zusammenhang ist die Tatsache erwähnenswert, daß in Indien private karitative Einrichtungen eine weitaus geringere Rolle spielen, als dies etwa bei uns im 19. Jahrhundert der Fall war.

Auch im Blick auf das eigentliche *Unternehmer-Verhalten* können deutliche Unterschiede zu den westeuropäischen Verhältnissen des 18. und 19. Jahrhunderts bestehen. Max Weber hat in seiner Kapitalismus-Studie darauf hingewiesen, daß eine bestimmte Glaubenspraxis calvinistischer Gemeinden die Herausbildung eines modernen Unternehmertums begünstigte. Dessen methodisches Vorgehen nach rationalen Kriterien, verbunden mit einer »innerweltlichen Askese«, ermöglichte nach Deutung von Max Weber eine hohe Kapital-Akkumulation und ein schnelles Produktivitätswachstum und schuf damit wichtige Voraussetzungen für eine Überwindung der Massenarmut in den westlichen Industriestaaten. In vielen Entwicklungsländern finden wir dagegen einen »Unternehmer«-Typus, der von ganz anderen Merkmalen geprägt ist: der Neigung zu spekulativem Verhalten, einer mangelnden Methodik in der Verfolgung produktiver Ziele, einem Hang zum Prestige-Konsum usw. Es versteht sich von selbst, daß der daraus entstehende »Basar-Kapitalismus« zu ganz anderen Ergebnissen führen kann, als sie die kapitalistische Utopie verspricht.

Nicht unerwähnt bleiben soll der *zweite* Aspekt, der hier angesprochen worden ist, nämlich die *Unterhöhlung der ethischen Grundlagen des Kapitalismus* durch die Erfolge der kapitalistischen Entwicklung selbst.[3] Diese Entwicklung konnte von einer Reihe von festgefügten moralischen Werten ausgehen: Pflichterfüllung, Respektierung der Rechtsordnung, Wahrheitsliebe, Respektierung der Grenzen des Marktes und ein altruistisches Verhalten jenseits dieser Grenzen. Wenn nun der einzelne primär seinen eigenen Vorteil suchen soll, wozu er von der kapitalistischen Utopie aufgefordert wird, dann liegt es natürlich nahe, wenn er sich im Laufe der Zeit die Frage stellt, welchen Vorteil er selbst davon hat, wahrheitsliebend, gesetzestreu, pflichtbewußt und — wo erforderlich — altruistisch zu sein. Genügt es nicht, wenn *alle anderen* diese Eigenschaften aufweisen? Ist der eigene Vorteil nicht dann am größten, wenn man es selber mit der Wahrheitsliebe, Gesetzestreue, Zuverlässigkeit usw. nicht so genau nimmt, solange sich nur die anderen streng an diese Werte halten? Die kapitalistische Utopie schiebt dieser Denkweise keinen Riegel vor. Im Gegenteil: von ihrem Ansatz her ermutigt sie geradezu, so zu denken, denn sie appelliert ja immer an den Eigennutz des einzelnen und gibt ihm sogar noch ein gutes Gewissen, wenn er egoistisch ist, weil die Egoismen aller einzelnen sich angeblich zum harmonischen Gesamtwohl addieren. Wenn aber *alle* so denken und es mit der Wahrheitsliebe, Pflichterfüllung usw. nicht mehr so genau nehmen, dann sinkt die allgemeine Moral. Die Grundlage, auf der der Kapitalismus aufbauen konnte, wird also gerade durch die vom Kapitalismus geförderten Verhaltensweisen unterhöhlt, und dies kann natürlich nicht ohne Rückwirkungen auf die kapitalistische Entwicklung selbst bleiben. Die Problemlösungskapazität des Kapitalismus bei der Suche nach neuen, humanen Techniken und nach neuen Formen der Arbeitsteilung wird dadurch u. U. in Frage gestellt. Vieles deutet darauf hin, daß es sich hier um eines der schwerwiegendsten Probleme der westlichen Industrieländer handelt.[4]

Zu c) Die Einbeziehung aller Kosten und Erträge in das einzelwirtschaftliche Kalkül

Der zuletzt genannte Zusammenhang ist ein Beispiel dafür, daß bestimmte »Kosten« des einzelwirtschaftlichen Verhaltens nicht in das einzelwirtschaftliche Kalkül eingehen. Die Verschlechterung der allgemeinen Moral, zu der der einzelne durch sein Verhalten beiträgt, wird von ihm nicht als »Kostenfaktor« in sein privates Gewinnkalkül einbezogen. Für ihn handelt es sich um *»externe Effekte«*.

Es gibt zahlreiche weitere Beispiele für derartige »externe Kosten«: Umweltbelastungen, Gesundheitsschäden, Zerstörung sozialer Beziehungen, seelische Verarmung, Trunksucht durch monotone Industriearbeit, Zerstörung der Lebensgrundlagen künftiger Generationen usw. Allen diesen Fällen ist gemeinsam, daß bestimmte *Nachteile* für die Gesellschaft als Ganzes (auch diejenige künftiger Generationen) entstehen, daß diese Nachteile aber nicht zu einer entsprechenden Kostenbelastung bei denjenigen führen, die sie verursachen. Das *einzelwirtschaftliche Kosten-Ertrags-Kalkül* enthält deshalb *keine Bremse,* die ein Verhalten blockiert, das derartige Nachteile hervorruft. Wo solche Fälle vorliegen, kann nicht damit gerechnet werden, daß der Marktmechanismus wie eine »unsichtbare Hand« dafür sorgt, daß sich die Einzelinteressen zu einem harmonischen Gesamtwohl zusammenfügen. Natürlich kann und muß in solchen Fällen der Staat eingreifen. Doch auch die staatlichen Fähigkeiten einer Identifizierung und Ursachen-Zurechnung externer Effekte sind begrenzt. Insofern kann der Staat, auch wenn ihn die Apologeten des Kapitalismus ausnahmsweise zum Handeln auffordern, nur in unvollkommener Weise dafür sorgen, daß die genannte Voraussetzung für das Eintreten der kapitalistischen Verheißung erfüllt wird.

Es wäre übrigens ein *Fehlschluß,* wollte man daraus eine *Überlegenheit* des *planwirtschaftlich-sozialistischen Systems* ableiten. Auch eine bürokratische Wirtschaftsplanung hat es mit dem Problem zu tun, daß sich Erträge und Kosten einzelwirtschaftlicher Aktivitäten nicht oder nur sehr schwer vollständig erfassen lassen. Es ist nicht einmal sicher, ob einer Planungsbürokratie an einer solchen Erfassung mehr gelegen wäre als der Regierung eines marktwirtschaftlich orientierten Landes. Vieles deutet z. B. darauf hin, daß sich die sozialistischen Regierungen der Ostblockstaaten weitaus weniger Gedanken über die langfristigen Kosten und Erträge der Kernenergie machen, als dies bei den Regierungen der kapitalistischen Industrieländer der Fall ist. Dieses Beispiel macht besonders deutlich, daß die Schwächen eines marktwirtschaftlich-kapitalistischen Systems noch lange kein Argument für die Einführung eines planwirtschaftlich-sozialistischen Systems sind.

Externe Effekte können auch auf *internationaler Ebene* eine wichtige Rolle spielen. Die starke Industrialisierung eines Landes kann z. B. unmittelbar oder mittelbar, durch den Außenhandel bedingt, nachteilige Wirkungen in anderen Ländern hervorrufen. Davon können Industrieländer wie Entwicklungsländer betroffen sein. Es wird beispielsweise vermutet, daß das zuerst in skandinavischen Ländern beobachtete »Fichtensterben« durch den »sauren Regen« verursacht wird, für den letztlich die Luftverschmutzung in den westeuropäischen Industriezentren verantwortlich ist. Ein anderes Beispiel ist die durch die Rohstoffnachfrage der Industrieländer ausgelöste Erschließung von Rohstoffvorkommen in Entwicklungsländern. Dadurch können schwerwiegende Störungen des ökologischen und kulturellen Gleichgewichts in den Entwicklungsländern hervorgerufen werden. Ganze Landschaften werden möglicherweise durch den Abbau von Rohstoff-Lagerstätten und den Bau von neuen Verkehrswegen zerstört, und das soziale Gefüge bestehender Gesellschaftsformen wird dadurch u. U. nachhaltig erschüttert. Normalerweise schlägt sich dies nicht als »Kostenfaktor« in der Kalkulation der Rohstoffpreise nieder; für den Abbau von Rohstoffen sind diese Kosten »extern« und sie lassen sich darüber hinaus auch kaum in Geldeinheiten messen. In solchen Fällen ist es keineswegs gesagt, daß ein freier Außenhandel zu einem höheren Gesamtwohl aller daran beteiligten Länder führt, sofern man das »Gesamtwohl« in einem umfassenden Sinne versteht.

Zu d) Ein funktionsfähiger Wettbewerb auf allen Märkten

Das Zusammenwirken der Einzelinteressen zu einem harmonischen Gesamtwohl ist auch dann nicht zu erwarten, wenn der marktwirtschaftliche Leistungswettbewerb gestört ist. Dies ist beispielsweise dort der Fall, wo *private Marktmacht* durch Monopole oder Kartelle entsteht. Unternehmen oder Unternehmenszusammenschlüsse dieser Art können in der Lage sein, die Abnehmer ihrer Erzeugnisse durch überhöhte Preise »auszubeuten« und sich dadurch Vorteile zu verschaffen, die nicht auf fairen marktwirtschaftlichen Leistungen beruhen. Eine Möglichkeit zur Ausbeutung besitzen diese Unternehmen auch gegenüber Lieferanten, wenn sie für deren Leistungen niedrigere Preise bezahlen, als es in Anbetracht des tatsächlichen Wertes dieser Leistungen angemessen wäre.

In jedem Land spielen Wettbewerbsverzerrungen dieser Art eine erhebliche Rolle. Es hat sich immer wieder gezeigt, daß die *Regierung* eines Landes nur *begrenzte Möglichkeiten* besitzt, monopolistische Unternehmen bzw. Unternehmensgruppen zur Einhaltung bestehender Wettbewerbsregeln zu veranlassen. Eine Regierung stößt dabei auf Grenzen, die von der kapitalistischen Utopie selbst gezogen worden sind. Um nämlich auf eine strenge Einhaltung von Wettbewerbsregeln drängen zu können, müßte sich die Regierung Zugang zu zahlreichen unternehmensinternen Daten verschaffen. Nur dann könnte sie sich ein zutreffendes Bild vom tatsächlichen Verhalten eines Unternehmens machen. Ein derartiger Zugriff widerspricht aber der kapitalistischen Forderung, der Staat solle sich möglichst weit aus dem aktuellen Wirtschaftsgeschehen heraushalten. Die kapitalistische Utopie fordert also streng genommen ein Verhalten, das sie zur gleichen Zeit selbst verbietet.

Im zwischenstaatlichen Wirtschaftsverkehr kann die Funktionsfähigkeit des marktwirtschaftlichen Leistungswettbewerbs insbesondere durch *multinationale Unternehmen* beeinträchtigt werden. Diese Unternehmen besitzen viele Möglichkeiten zur Durchbrechung marktwirtschaftlicher Spielregeln. Sie können z. B. Marktabsprachen treffen, durch die kurzfristige Konzentration aller finanziellen Mittel auf einen bestimmten Markt einen Verdrängungswettbewerb durchführen, den Vertrieb ihrer Produkte an bestimmte Verwendungsklauseln binden usw. Eine starke Regierung kann sich gegen solche Praktiken möglicherweise zur Wehr setzen. Die Regierungen der Entwicklungsländer sind häufig zu schwach, und sie besitzen oft auch nicht genügend Erfahrungen (und auch nicht den entsprechenden Willen), um dagegen etwas zu unternehmen. Außerdem fehlt es an einer internationalen Abstimmung der nationalen Wettbewerbspolitik einzelner Welthandelsländer, die dringend geboten wäre, weil auch die Verursacher von Wettbewerbsverletzungen auf der internationalen Bühne tätig sind. Um eine internationale Harmonisierung nationalstaatlicher Maßnahmen herbeiführen zu können, müßten die Regierungen über ihren eigenen Schatten springen. Damit stellt die kapitalistische Utopie eine Forderung, zu deren Erfüllung sie ebenso wenig beitragen kann wie die sozialistische Utopie.

Zu e) Die Gleichheit vor dem Gesetz

Die kapitalistische Utopie geht davon aus, daß alle Bürger vor dem Gesetz gleich sind. Ungleichheiten im wirtschaftlichen Sinne werden dagegen toleriert, ja sie werden geradezu gefordert, denn sie werden zur Stimulierung der Leistungskraft des einzelnen für nötig gehalten.[5] Die Anhänger der kapitalistischen Utopie gehen davon aus, daß die *wirtschaftliche Ungleichheit* konfliktlos mit der *Gleichheit vor dem Gesetz* zu vereinbaren sei.

Dies ist eine Illusion. *Wirtschaftlicher Reichtum* drängt zu wirtschaftlicher Macht, und wirtschaftliche Macht drängt auch zur politischen Macht und damit zur *Beeinflussung des Rechts,* sei es über die Beeinflussung der Gesetzgebung oder die Einflußnahme auf die Rechtsprechung. Die Gleichheit vor dem Gesetz und die »Herrschaft des Rechts« können damit zur Farce werden.

Besonders viele *Beispiele* für die Einflußnahme wirtschaftlich mächtiger Gruppen auf das Recht und die Politik bieten die *Entwicklungsländer*. Hier sind es oft wirtschaftlich starke Bevölkerungsgruppen, die z. B. verhindern, daß eine Agrarreform durchgeführt wird, wenn daraus eine Gefährdung ihrer eigenen Privilegien entstehen könnte, oder die eine Verbesserung des Ausbildungswesens hintertreiben, wenn zu erwarten ist, daß durch den höheren Bildungsstand der Arbeitskräfte eine Fortführung der bisherigen Ausbeutungsmethoden nicht mehr möglich sein wird. Das im ersten Kapitel erwähnte Beispiel aus Indien (vgl. S. 11) spricht in diesem Zusammenhang eine beredte Sprache. Nicht einmal von einer Startchancengleichheit im rechtlichen Sinne kann hier die Rede sein. Vielmehr ist damit zu rechnen, daß durch eine Manipulation des Rechts bestehende Privilegien zementiert werden. Wir stoßen also hier auf eine prinzipielle Grenze der kapitalistischen Utopie: sie blockiert selbst ihre Forderung, »gleiches Recht für alle« herzustellen, indem sie wirtschaftliche Ungleichheiten fördert und damit der Entstehung privater Wirtschaftsmacht den Weg ebnet.

»Gleiches Recht für alle« soll nach der kapitalistischen Utopie auch im *Außenhandel* gelten. Doch gerade hier zeigt sich, daß nationale Stärke, die auf wirtschaftlicher, politischer und militärischer

Überlegenheit beruht, das internationale Recht in erheblichem Maße beeinflußt. So gab es beispielsweise nach dem Zweiten Weltkrieg Ansätze für eine umfassende Regelung der internationalen Wirtschaftsbeziehungen, bei der auch die besonderen Probleme der Entwicklungsländer auf dem Rohstoffsektor Berücksichtigung finden sollten (»Havanna Charta«). Diese Regelungen entsprachen nach Meinung der amerikanischen Volksvertreter nicht den nationalen Interessen der USA. An ihrem Widerspruch scheiterte eine Verwirklichung der Charta. Durchsetzen konnten sich nur diejenigen Regeln, die von der wirtschaftlich führenden Macht gebilligt bzw. toleriert wurden.

Auch bei der *Anwendung* des geltenden internationalen Rechts setzten sich häufig die *Interessen* der wirtschaftlich *führenden Mächte* durch. Es sind z. B. die wirtschaftlich starken Länder des Westens gewesen, die die im »Allgemeinen Zoll- und Handelsabkommen« (GATT) niedergelegten Regeln für einen freien internationalen Güterverkehr häufig durchbrochen haben, wo sie dies für opportun hielten. Sie haben dadurch die Entwicklungsländer in vielfacher Weise benachteiligt. Im »Internationalen Textilabkommen« haben sich beispielsweise die Entwicklungsländer auf Drängen der Industrieländer zu sogenannten »freiwilligen Exportbeschränkungen« bereitfinden müssen. Dies hat die Zahlungsbilanz- und die Beschäftigungsprobleme mancher Entwicklungsländer verschärft. Es sollte nicht verwundern, daß die Entwicklungsländer jede Chance, den Industrieländern mit gleicher Münze heimzahlen zu können, willig ergreifen (wie z. B. im Kartell der erdölexportierenden Staaten). Vom »gleichen Recht für alle« im internationalen Handel ist dadurch wenig übrig geblieben. Wenn aber die Spielregeln in diesem Handel nicht fair sind und nicht in fairer Weise eingehalten werden, ist auch nicht damit zu rechnen, daß seine Ergebnisse leistungsgerecht verteilt sind.

Wir wollen diesen Abschnitt *zusammenfassen.* Wie wir gesehen haben, sind einige Voraussetzungen, von denen die kapitalistische Utopie ausgeht, nur in sehr unvollkommener und in einzelnen Ländern sehr unterschiedlicher Weise erfüllt. Diese Voraussetzungen können sich einer politischen Gestaltung weitgehend entziehen (markt-inadäquate Reaktion der Wirtschaftsteilnehmer, ethische Motivation ihrer Verhaltensweise); in anderen Fällen stößt die Politik beim Versuch, diese Voraussetzung zu schaffen, auf Grenzen, die von der kapitalistischen Utopie selbst gezogen werden (die zur Überwachung der Wettbewerbsordnung erforderliche Einsichtnahme in einzelwirtschaftliche Daten widerspricht den Forderungen der kapi-

talistischen Utopie; die Herstellung der Rechtsgleichheit gerät in Konflikt mit der geforderten wirtschaftlichen Ungleichheit); im Falle einer vollständigen Erfassung aller im Zeitablauf entstehenden Kosten und Erträge einzelwirtschaftlicher Aktivitäten erreichen wir eine prinzipielle Grenze jeder Staatstätigkeit. Häufig kumulieren sich die Wirkungen, die von unerfüllten Voraussetzungen der kapitalistischen Utopie ausgehen: monopolistische Verhältnisse, wirtschaftliche und politische Privilegien, markt-inadäquates Verhalten als Folge von chronischer Unterernährung, Unfähigkeit einer bestechlichen Beamtenschaft bei der Identifizierung und Zurechnung »externer Effekte«, ein fehlendes soziales Verantwortungsbewußtsein und eine fehlende unternehmerische Dynamik treffen häufig zusammen. Befolgt man unter diesen Bedingungen die Aufforderung der kapitalistischen Utopie, die »Marktkräfte« sich selbst zu überlassen, dann kann daraus ein Zerrbild der kapitalistischen Utopie entstehen:
— statt einer Beseitigung der Massenarmut verfestigt sich die Massenarmut der Unterprivilegierten,
— statt des harmonischen Ausgleichs der Einzelinteressen zum Gesamtwohl entsteht ein sozial-darwinistischer Überlebenskampf,[6]
— statt einer »Herrschaft des Rechts« entsteht eine Herrschaft des Geldes,
— statt einem harmonischen Verhältnis von politischer und wirtschaftlicher Freiheit entsteht eine politische Repression, um den Widerstand der Armen gegen die »Freiheit der Märkte« unter Kontrolle zu halten.

3.3 Können Christen Kapitalisten sein?

Am Schluß des vorangegangenen Kapitels haben wir gefragt: »Müssen Christen Sozialisten sein?« Die am Schluß dieses Kapitels gestellte Frage ist bescheidener. Angesichts der weithin herrschenden antikapitalistischen Stimmungslage und den nachweisbaren Mißerfolgen kapitalistischer Staaten erscheint es schon vermessen, ein christliches Plädoyer für den »Kapitalismus« überhaupt in Erwägung zu ziehen. Fragen wir also vorsichtiger: *Können* Christen überhaupt Kapitalisten sein?

Die Antwort auf diese Frage hängt natürlich vom *Verständnis* dessen ab, was wir mit *»Kapitalismus«* meinen. Verstehen wir darunter eine Wirtschaftsordnung, in der es Privateigentum an Produktionsmitteln gibt und in der die gesellschaftliche Produktion durch Märkte gesteuert wird, so ist nicht einzusehen, weshalb Christen nicht zu den Befürwortern einer solchen Ordnung gehören und in diesem Sinne »Kapitalisten« sein dürften, sofern ihnen dabei die Grenzen dieses Systems bewußt bleiben. Immerhin besitzt die kapitalistische Marktwirtschaft häufig auch dann, wenn sie nicht ihrer Utopie entspricht, erhebliche Vorteile gegenüber dem realen Sozialismus marxistischer Prägung — und mit dem realen und nicht mit dem idealen Sozialismus sollte der Vergleich legitimerweise durchgeführt werden. Ein marktwirtschaftliches System ist sehr viel flexibler als ein planwirtschaftliches System, es bietet dem einzelnen in der Regel größere Freiheitsspielräume, es bietet größere Anreize zur Effizienzsteigerung (z. B. zur Verminderung des Verbrauchs knapper Rohstoffe), und es hat in vielen Ländern die Versorgung großer Bevölkerungsmassen mit Konsumgütern hervorragend bewältigt. Es wäre eine Simplifizierung, wollte man behaupten, »der Kapitalismus« enthalte bei der Versorgung der Bevölkerung einen inhumanen »Wachstumszwang«. Nicht zufällig gibt es gerade im kapitalistischen »Mutterland«, den USA, zahlreiche solidarische Gemeinschaften, die seit Generationen eine »sanfte« Technik anwenden und auf ein extensives Wirtschaftswachstum verzichten (vgl. z. B. die Kolonien der Amish-Brüder und der Hutterer in verschiedenen Staaten der USA).[1] Die große Freiheit, die dieses Land getreu der kapitalistischen Idee für die individuelle Selbstentfaltung bietet, kann eben auch ohne Schwierigkeiten für die Entwicklung eines einfachen Lebensstils genutzt werden. Wo die innere Freiheit fehlt, mit der äußeren Freiheit sinnvoll umzugehen, kann allerdings die dem Kapitalismus eigene Liberalität zu grotesken Ergebnissen führen. Die relevante Frage lautet deshalb, inwiefern Christen zu einem verantwortlichen Umgang mit der kapitalistischen Freiheit beitragen können. Wir werden darauf zurückkommen.

Können Christen *selbständige Unternehmer* und damit »Kapitalisten« in einem besonders kritisierten Sinne sein? Es ist nicht einzusehen, weshalb ihnen dies ihr Glaube verbieten sollte. Nicht mehr als viele andere Teilnehmer am Wirtschaftsprozeß unterliegen sie bei dieser Tätigkeit einem »Zwang« zur Inhumanität, und ebenso wie andere sind sie dazu aufgerufen, »Zwänge« dieser Art zu überwinden. Es ist z. B. nicht wahr, daß Unternehmer gezwungen seien, Steuern zu hinterziehen, Marktabsprachen zu treffen, Arbeiter auszubeuten, rücksichtslos die Umwelt zu vergiften usw. Sie haben allerdings bei der Abwägung verschiedener Ziele, die im Konflikt zueinander stehen können, oft schwierige Entscheidungen zu treffen (so etwa bei der Entscheidung, ob Mitarbeiter entlassen werden sollen, um die Arbeitsplätze der Verbleibenden sichern zu können). Man sollte unpopuläre Entscheidungen dieser Art nicht automatisch als »unmoralisch« bezeichnen. Ebensowenig sollte man die Tatsache, daß Unternehmereinkommen in der Regel höher sind als die Einkommen vergleichbarer Berufsgruppen, unbesehen als Beweis für eine »Ausbeutung« nehmen. Kurzum: Selbständiger Unternehmer sein ist keineswegs eine für Christen unerlaubte Tätigkeit, wie uns eine christlich-sozialistische Gesellschaftskritik manchmal einreden möchte.[2]

»Kapitalistisch« kann aber auch im Sinne der *kritiklosen Befürwortung* einer *Utopie* verstanden werden. In diesem Sinne können Christen keine »Kapitalisten« sein. Sie dürfen sich nicht zum unkritischen Verehrer einer Utopie machen, weil sie dadurch blind werden für deren unerfüllte Voraussetzungen und auf diese Weise einer Entwicklung Vorschub leisten, die in einem Zerrbild dieser Utopie enden kann. Dieses Ergebnis steht in voller Parallelität zu dem, das wir am Ende des zweiten Kapitels erhalten haben. Blinde Utopie-Gläubigkeit führt stets zu unmenschlichen Ergebnissen, ob es sich dabei um die marxistische oder um die kapitalistische Utopie handelt, denn diese Gläubigkeit setzt immer auf eine Fiktion: z. B. auf das menschheitsbefreiende Gesetz der realen Dialektik oder auf die harmonisierenden Voraussetzungen einer Wirkung der »Marktgesetze«. Das eigene, ethisch verantwortete Abwägen wird durch einen Irrglauben dieser Art gelähmt, und gerade dadurch entstehen die Inhumanitäten, die im Namen von Utopien begangen wurden.

Es lohnt sich, einen Augenblick über mögliche Konsequenzen nachzudenken, die sich aus einer *unklaren Haltung* zur notwendigen Entmythologisierung der kapitalistischen Utopie ergeben können. Genauso wie im Falle der marxistischen Utopie kann daraus die unbewußte Übernahme einer bestimmten Ideologie entstehen. Die volle Bejahung krasser wirtschaftlicher Ungleichheiten wird dann z. B. nicht mehr als das erkannt, was sie häufig ist, nämlich als eine Mischung von Skrupellosigkeit und Selbstgefälligkeit, sondern als Einsicht in »unveränderliche«, ja »gottgewollte« Ordnungen ausgegeben. Übersehen wird dabei, daß der Reichtum nach biblischem Verständnis stets eine Gabe Gottes ist, mit der wir nur dann angemessen umgehen, wenn wir dafür Gott danken, und zwar so, daß dieser Dank auch von Menschen erfahren werden kann, die Gott weniger reich gesegnet hat. Dies gilt gerade dann, wenn Reichtum durch eigene Leistung erworben worden ist, denn auch die menschliche Leistungskraft ist eine Gabe Gottes. Übersehen wird bei einer unklaren Haltung zur kapitalistischen Utopie ferner, daß das Idealbild eines kapitalistischen Verhaltensmusters, nämlich der nutzen- und profitmaximierende »homo oeconomicus«, mit einer biblisch verstandenen Haushalterschaft nichts gemein hat (jedenfalls dann nicht, wenn man ihn in einem oberflächlichen Sinne versteht). Die Rechtfertigung eines praktischen Verhaltens, das sich an diesem kapitalistischen Leitbild ausrichtet, hätte deshalb rein ideologischen Charakter.

Es wird also deutlich, daß Christen keine »Kapitalisten« in dem Sinne sein können, daß sie sich zum blinden Verehrer der kapitalistischen Utopie machen. Aber könnte es nicht eine Aufgabe der Christen sein, mit einem kritischen Kapitalismus-Verständnis zur *Humanisierung kapitalistischer Systeme* beizutragen, so wie von anderer Seite die Christenheit aufgefordert wird, den Marxismus durch ein kritisches Verständnis der marxistischen Utopie zu humanisieren? Historisch gesehen hat christlicher Glaube in der Tat einen wesentlichen Beitrag zu einer menschlichen Form des Kapitalismus geleistet. Max Weber beschreibt sehr ausführlich, wie eine strenge christliche Ethik und ein starker biblischer Glaube zu Fleiß und Sparsamkeit, aber auch zu Solidarität und gegenseitiger Hilfsbereitschaft inspiriert haben.[3] Max Weber war auch hellsichtig genug, zu erkennen, welche Konsequenzen es für den Kapitalismus haben würde, wenn das religiös-ethische Erbe seine prägende Kraft völlig verlöre. »Auf dem Gebiet seiner höchsten Entfesselung, in den Vereinigten Staaten, neigt das seines religiös-ethischen Sinnes entkleidete Erwerbsstreben heute (1905!) dazu, sich mit rein agonalen Leidenschaften zu assoziieren... Niemand weiß, wer künftig in jenem Gehäuse (d. h. des Kapitalismus, nachdem der Geist des Glaubens daraus entwichen ist, H. S.) wohnen wird und ob am Ende dieser ungeheueren Entwicklung ganz neue Prophetien oder eine mächtige Wiedergeburt alter Gedanken und Ideale stehen wird, *oder* aber — wenn keines von beiden — mechanisierte Versteinerungen, mit einer Art von krampfhaftem Sich-wichtig-Nehmen verbrämt. Dann allerdings könnte für die »letzten« Menschen dieser Kulturentwicklung das Wort zur Wahrheit werden: »Fachmenschen ohne Geist, Genußmenschen ohne Herz«.[4] Was Max Weber vor nahezu achtzig Jahren vorausahnte, wird heute von vielen Zeitkritikern als bittere Wirklichkeit gesehen: »Fachmenschen ohne Geist, Genußmenschen ohne Herz«. Ist die christliche Gemeinde aufgerufen, dem kapitalistischen Gehäuse den alten Geist einzuhauchen, so daß es wieder »Geist und Herz« erhält?

So sehen es manche Apologeten einer liberal-kapitalistischen Systemerneuerung, wie z. B. George Gilder, von dem behauptet wird, er habe am besten zum Ausdruck gebracht,[5] was Ronald Reagan mit seinem wirtschaftspolitischen Programm wolle. Gilder meint, daß neue Lösungen für eine Beseitigung der Armut nur auf dem Boden des Kapitalismus zu finden seien, weil nur dieses System der Kreativität und der Eigeninitiative des Menschen genügend Entfaltungsspielraum lasse. Ohne *Glaube* sei der *Kapitalismus* aber tot. »Glaube an den Menschen, Glaube an die Zukunft, Glaube an den Lohn der Freigebigkeit, Glaube an den gegenseitigen Nutzen des Handels, Glaube an die Vorsehung Gottes: das alles ist unerläßlich für den Erfolg des Kapitalismus.«[6] Das »Wunder der menschlichen Kreativität in ihrer Offenheit zum Göttlichen« wird hier als die größte »Ressource« bezeichnet, mit der wir bei der Bewältigung der Zukunftsaufgaben rechnen könnten.[7]

Bereits die Unbestimmtheit in der Art des hier geforderten Glaubens sollte hellhörig machen. Zum Glauben wird hier aufgerufen, weil er eine bestimmte Funktion erfüllen soll. Er soll zur Sparsamkeit, zum Fleiß, zu Opferbereitschaft, zur Dynamik und zur Hoffnung motivieren. Welcher Art dieser Glaube sein soll, ist dabei nebensächlich. Mit anderen Worten ausgedrückt: Gilder will die irdischen Früchte des Glaubens ernten; auf welchem Baum sie wachsen, ist ihm dabei nicht so wichtig. Dieses *funktionale Verständnis* christlichen Glaubens ist eine groteske Verzerrung der biblischen Botschaft (und — nebenbei bemerkt — auch eine gründliche Fehlinterpretation historischer Zusammenhänge). Jesus hat diejenigen schroff zurückgewiesen, die nicht bereit waren, um *seinetwillen* alles aufzugeben: geschäftliche Interessen, soziale Beziehungen, die Annehmlichkeiten eines normalen Lebens (vgl. Luk. 9, 23ff., 57ff.; 14, 15-24). Er will einen Glauben, der vor allem die Ehre Gottes sucht. Daß aus diesem Glauben auch die Früchte wirtschaftlichen Erfolgs erwachsen *können*, ist eine ganz andere Sache. Sie *müssen* es nicht. Es kann sein, daß Gott einem Menschen ein Leben in Armut abverlangt, und es kann sein, daß er einen Menschen mit Wohlstand beschenkt. Eingeordnet in den Glauben, den die Bibel meint, werden Armut und Wohlstand zu zweitrangigen Fragen. Dies ist nicht nur gegen den

Versuch zu sagen, den christlichen Glauben für den Kapitalismus zu vereinnahmen, sondern ebenso gegen den Versuch, ihn für den Sozialismus in Anspruch zu nehmen.

Kaum ein anderer hat die souveräne Haltung des Christen gegenüber Armut und Reichtum besser ausgedrückt als *Paulus:* »Ich habe gelernt... mir genügen zu lassen, ... sowohl Überfluß zu haben als Mangel zu leiden« (Phil. 4, 11f.). Daß damit nicht zur passiven Hinnahme eigener und fremder Not aufgefordert wird, dürfte klar sein. Paulus war sehr aktiv, wenn es um die Überwindung dieser Not ging. Doch es wird deutlich, wo die Prioritäten liegen.

Auch *historisch* gesehen wäre ein funktionales Verständnis des Glaubens eine Fehlinterpretation. John Wesley hat nicht gepredigt, weil er seinen Zuhörern eine bessere Arbeitsmoral vermitteln wollte, und seine Zuhörer haben sich nicht deshalb bekehrt, weil sie sich davon geschäftlichen Vorteil versprachen. Für die protestantischen Erweckungsbewegungen waren vielmehr die absolute Ausrichtung auf die Sündenvergebung und die persönliche Heiligung kennzeichnend. Daß dann Gemeinden, die aus diesen Erweckungsbewegungen hervorgingen, zu den Zellen eines soliden Wohlstandes wurden, entsprach ganz gewiß nicht der Absicht der Erweckungsprediger, sondern es war eher die Bestätigung einer biblischen Erfahrung: »Trachtet am *ersten* nach dem Reich Gottes, dann wird euch alles übrige zufallen« (Mt. 6, 33).

Fassen wir *zusammen*. Christen können keine »Kapitalisten« im Sinne einer blinden Verehrung der kapitalistischen Utopie sein. Sie können, ja sie sollen aber konkrete Verantwortung in einem kapitalistischen Staat übernehmen. Dabei stellt sich die Frage, inwieweit sie ihre Aufgabe darin sehen sollten, den »Kapitalismus« zu humanisieren. Aufforderungen dieser Art sollten die christliche Gemeinde stutzig machen. Sie darf sich ihre Aufgaben nicht von den Anwälten irgendeines Systems vorschreiben lassen, weder eines sozialistischen noch eines kapitalistischen. Ihre erste Aufgabe ist es, die Ehre Gottes zu suchen und nach seinem Willen zu fragen. Von ihrem Herrn wird die Gemeinde dann auf bestimmte Arbeitsfelder in dieser Welt hingewiesen. Dazu gehören mit Sicherheit auch die Bereiche der Wirtschaft und der Politik. Christen sind herausgefordert, hier mit nüchternem Verstand und mit leidenschaftlicher Liebe das menschenmögliche Maß an Gerechtigkeit und Freiheit zu verwirklichen, in der klaren Erkenntnis, daß manchmal nicht beides zugleich erreicht werden kann und daß deshalb schwierige Abwägungen notwendig werden können. Die Gemeinde ist ferner aufgerufen, zur Festigung der sittlichen Bindungen beizutragen, ohne die eine wirtschaftliche und politische Liberalität auf die Dauer zerstörerisch wirkt, und sie sollte das Menschenmögliche tun, damit vorhandene Institutionen (wie z. B. die der Wettbewerbs- oder Sozialpolitik) ihren humanitären Auftrag erfüllen können und vor Mißbrauch geschützt werden. Dies gilt für die Gemeinden in Industrie- wie in Entwicklungsländern in gleichem Maße. Ob und in welchem Sinne dann das, was sich aus einem solchen Engagement ergibt, das Etikett »Kapitalismus« verdient, ist eine völlig zweitrangige Frage.

4. Kapitel: Das Versprechen der Reformer

4.1 Die Notwendigkeit von Reformen

Nach der Marxschen Utopie sind es die *dialektischen Gesetze* der Geschichte, die das »Reich der Freiheit« heraufführen. Nach der kapitalistischen Utopie sind es die vom Eigennutz getriebenen *Marktgesetze*, die das »größte Glück der größten Zahl« ermöglichen. In beiden Fällen wird die Erreichung eines Idealzustandes der Gesellschaft von Gesetzmäßigkeiten erwartet, die prinzipiell losgelöst vom politischen Handeln wirksam sind. Dadurch wird natürlich das politische Handeln nicht überflüssig, aber es gewinnt nur insofern einen Sinn, als es sich in die als vorgegeben behaupteten Gesetze einordnet.

Davon unterscheidet sich eine Politik der Reformen. Der Gedanke an irgendwelche objektive Gesetze, die einen idealen Zustand herbeiführen, ist ihr fremd. Es geht ihr um schrittweise Verbesserungen bestehender Verhältnisse durch bewußtes Eingreifen in wirtschaftliche und gesellschaftliche Prozesse. Es wird nicht erwartet, daß die gewünschten Verbesserungen ohne derartige Eingriffe zustande kommen. Insofern werden *Reformen* für *notwendig* gehalten. An der Idee allerdings, daß sich alle diese Verbesserungsschritte zu einem Ganzen addieren müßten, das den Übergang zu einer »neuen Gesellschaft« bedeutet, halten in der Regel auch die Reformer fest. Dabei werden die Konturen der neuen Gesellschaft üblicherweise in Anlehnung an die sozialistische Tradition gezeichnet. Erstrebt wird also ein Zustand, in dem keine wirtschaftlichen Privilegien mehr gelten, weder national noch international, in dem politische Unfreiheit und individuelle Knechtung gleichermaßen überwunden sind und in dem der Mensch nicht mehr Objekt, sondern Subjekt seiner Geschichte ist. Doch die Erreichung dieses Ziels wird nicht von einer revolutionären Elite erwartet, die kraft höherer Einsicht in die »dialektischen Gesetze« ein Machtmonopol in Anspruch nehmen kann, sondern vom geduldigen Werben um politische Mehrheiten innerhalb demokratischer Systeme. Der Rahmen der parlamentarischen Demokratie wird also, wo er gegeben ist, nicht verlassen. Wo dieser Rahmen nicht besteht, soll er durch geduldige Reformen, notfalls auch durch revolutionäre Änderungen geschaffen werden, ohne daß man dabei dem marxistischen Konzept folgen will, weil man dessen autoritäre Eigendynamik fürchtet.

Im Blick auf eine Politik der Reformen können wir zwischen einer »traditionellen« und einer »neuen« Reformpolitik unterscheiden. Die *traditionelle Reformpolitik*, die Entwicklungs- wie Industrieländern zur Durchführung empfohlen wurde, sah vor allem im Ausgleich der Einkommens- und Vermögensunterschiede, die das kapitalistische System entstehen läßt, eine politische Notwendigkeit. Sie wollte mehr als »Chancengleichheit«, die ja auch mit der kapitalistischen Utopie zu vereinbaren ist. Was sie wollte, läßt sich als »Ergebnisgleichheit« umschreiben. Nicht nur die Startchancen im marktwirtschaftlichen Leistungswettbewerb, sondern möglichst auch dessen Ergebnisse, d. h. die individuell verfügbaren Einkommen, sollten einander angeglichen werden. Die Mittel dazu waren beispielsweise progressive Lohn- und Einkommenssteuern, Vermögenssteuern, Sozialabgaben einerseits und Einkommensbeihilfen, Zuschüsse, Sozialleistungen andererseits. Wer im marktwirtschaftlichen Wettbewerb hohe Einkommen erzielte, sollte einen verhältnismäßig hohen Teil davon an den Staat abführen, um diesem die Mittel für eine ausgedehnte Sozialpolitik zur Verfügung zu stellen. Etwas vereinfachend läßt sich die traditionelle Reformpolitik als »Umverteilungspolitik« beschreiben. Ihre Durchführung sollte den Entwicklungsländern durch eine großzügige Entwicklungshilfe erleichtert werden. Insofern hatten die Industrieländer eine doppelte Umverteilungsaufgabe zu erfüllen: einmal eine Umverteilung auf nationaler Ebene, zum anderen eine Umverteilung auf internationaler Ebene.

Eine solche Politik führt natürlich zu politischen Konflikten. Je größer die Umverteilungslast der Vermögenden, umso stärker wird in der Regel ihr Widerstand gegen die Umverteilungspolitik sein. Wächst dieser Widerstand, so gehen möglicherweise die parlamentarischen Mehrheiten verloren, die zur Durchsetzung bestimmter Umverteilungsmaßnahmen notwendig sind. In den Industrieländern werden dann — wenn überhaupt— nur noch nationale Umverteilungsmaßnahmen realisierbar sein, nicht aber darüber hinausgehend noch Maßnahmen einer internationalen Umverteilung. In den Entwicklungsländern selbst wird der Widerstand der Besitzenden gegen jede Form einer nationalen Einkommensumverteilung noch größer sein als in den Industrieländern. Das Rezept zur Überwindung dieser Widerstände hieß lange Zeit: »*Wachstum!*« Wächst der Kuchen des Sozialprodukts, so wird der Kampf um die Verteilung des Kuchens entschärft. Wer heute einen kleinen Teil erhält, kann erwarten, daß durch das Wachstum des ganzen Kuchens auch das Stück, das er morgen bekommt, größer wird; sein Drang nach einer Umverteilung des heute *Vorhandenen* wird gebremst. Ebenso kann derjenige, der heute einen Teil seines Stückes abgeben muß, damit rechnen, daß er morgen durch das Wachstum des Kuchens wieder ein größeres Stück erhält und dadurch entschädigt wird; sein Widerstand gegen eine Umverteilung wird gemildert. Hohe gesamtwirtschaftliche Wachstumsraten wurden deshalb als wesentliche Erleichterung für die Durchführung einer nationalen wie internationalen Umverteilungspolitik angesehen. Wenn man dies im Blick hat, wird es verständlich, warum die traditionelle Reformpolitik zugleich eine Wachstumspolitik war.

Dieses Verständnis einer Reformpolitik spielt immer noch eine Rolle. Aber es wird heute gerade von Reformpolitikern entschieden in Frage gestellt. Sie weisen auf natürliche, kulturelle, soziale und politische Wachstumsgrenzen hin, die seit Anfang der 70er Jahre deutlich in Erscheinung getreten sind. Eine Fortführung der alten Wachstumspolitik und erst recht ihre Übertragung auf die Entwicklungsländer erscheint ihnen deshalb als unverantwortlich. E. Eppler spricht in diesem Zusammenhang von einer *Zäsur*, die für die Durchführung einer *Reformpolitik* völlig neue Voraussetzungen geschaffen habe.

»Lebte die Renaissance — und seit der Renaissance die europäische Geschichte — aus dem Pathos der Überwindung von Grenzen des Raumes, der Zeit, der Geschwindigkeit, des Wissens, der technischen Machbarkeit der wirtschaftlichen Produktion, so scheint jetzt eine Epoche anzubrechen, in der wir fragen müssen, welche Grenzen der Mensch überschreiten kann, welche er aber hinzunehmen und zu respektieren hat, wenn er menschlich überleben will.«[1] Eine Politik, die sich auf die *Beschleunigung* von gesamtwirtschaftlichen Wachstumsraten beschränke und keine Kriterien für die *Steuerung* der Wachstumsprozesse besitze, leugne diese Zäsur. Eine solche Politik überlasse die Entscheidung darüber, was wachsen soll, den Märkten (E. Eppler sagt mit einem Sinn für die suggestive Wirkung anschaulicher Formulierungen: sie überlasse die Steuerung des Wachstums »den Chefetagen transnationaler Konzerne«).[2] Es sei sicher, daß politisch ungesteuerte Wachstumsprozesse die Regierungen in immer neue Handlungszwänge führten, denen sie nicht nachkommen könnten. Aufgabe der Politik sei es daher, der wirtschaftlichen und technischen Entwicklung Vorgaben zu machen und sie in bestimmte Bahnen zu lenken. Zur alten Notwendigkeit, einen sozialen Ausgleich herbeizuführen, sei die neue Notwendigkeit getreten, ungesteuerte Wachstumsprozesse zu verhindern und das Wirtschaftswachstum auf humane Ziele hin zu lenken.

Einer der *Grundgedanken* der »neuen Reformpolitik« besteht darin, durch die Wahl eines alternativen Entwicklungspfades in den Industrieländern auch den Entwicklungsländern die Entscheidung für eine eigenständige Entwicklung zu erleichtern. Wir können sie (d. h. die Entwicklungsländer, H. S.) kaum glaubhaft vor der gefährlichen Imitation unseres »Vorbildes« warnen, wenn wir uns selbst nicht bereits von diesem fragwürdigen »Ideal« abgewandt haben.[3] Eigene Energiesparmaßnahmen der Industrieländer sollen es z. B. den Entwicklungsländern erleichtern, von einer energieintensiven Industrialisierung umzusteigen auf die Entwicklung alternativer Energiequellen (Sonnen-Kollektoren, Nutzung von Bio-Gas usw.). Der Verzicht auf hohe Wachstumsraten der materiellen Produktion in Industrieländern schone vorhandene Ressourcen und vergrößere den Handlungsspielraum der Entwicklungsländer (»Wir müssen einfacher leben, damit die anderen einfach überleben«). Eine gleichmäßigere Einkommensverteilung in den Industrieländern »schafft bei uns Raum für politisches Handeln, das auch der Dritten Welt zugute kommt: wer bei uns z. B. dafür sorgen will, daß weniger Benzin unnötig verpufft wird, muß das Autofahren durch eine höhere Bezinsteuer teurer machen. Aber das ist nur zu verantworten, wenn dies nicht bedeutet, daß der Reiche dies gar nicht bemerkt, für den einen oder anderen Pendler aber das Autofahren unerschwinglich wird... Weniger Ungleichheit zwischen Nord und Süd verlangt weniger Ungleichheit in Nord und Süd.«[4] Nur so könne man dem Vorwurf entgehen, Entwicklungshilfe bedeute eine Hilfe der Armen in den reichen Ländern zugunsten der Reichen in den armen Ländern.

Kaum ein Politiker hat sich so entschieden zum Anwalt dieser »neuen Reformpolitik« gemacht wie Erhard Eppler. In der folgenden Skizzierung einiger Grundelemente dieser Politik wollen wir deshalb diesem Autor folgen. Zuvor soll aber auf ein *Grundproblem* hingewiesen werden, mit dem diese neue Politik zu rechnen hat. Oben wurde gesagt, daß die traditionelle Reformpolitik zugleich eine Wachstumspolitik war, weil sie in hohen gesamtwirtschaftlichen Wachstumsraten ein Mittel sah, die mit einer Umverteilung verbundenen Konflikte zu entschärfen. Verzichtet man auf eine allgemeine Wachstumsförderung, dann ist dieser Ausweg zur Entschärfung von Verteilungskonflikten versperrt. Die »neue Reformpolitik« wird deshalb in den Industrieländern mit einem größeren politischen Widerstand derer zu rechnen haben, die relativ hohe Einkommen beziehen, und dies sind häufig auch diejenigen, die wirtschaftlich gesehen besonders leistungsfähig sind und auf deren Unterstützung es ankommt, wenn neue Pfade der wirtschaftlichen Entwicklung erschlossen werden sollen.

Mit welchen Methoden sollen nun die Industrieländer eine *Lenkung* des wirtschaftlichen *Wachstums* betreiben und damit inhumane »Wachstumszwänge« verhindern, den Entwicklungsländern die Wahl alternativer Entwicklungsrichtungen erleichtern und zugleich eine wirksame Entwicklungshilfe leisten? Zunächst einmal dadurch, daß neue technische Entwicklungen sehr viel stärker als bisher durch politische Instanzen gelenkt werden. Es wird u. a. an unabhängige, pluralistisch zusammengesetzte Kommissionen gedacht, »die von ökonomischen und administrativen Interessen so gut wie möglich abzuschirmen sind.«[5] Sie sollen qualifizierte Berichte zu neuen technischen Entwicklungen abgeben. Dadurch soll die öffentliche Diskussion »angereichert, gesteuert, vor allem wirksamer und verbindlicher gemacht« werden.[6] Aus einer lebhaften und qualifizierten öffentlichen Diskussion über diese Entwicklungen wird dann eine Beeinflussung der Gesetzgebung und der administrativen Entscheidungen erwartet. Bestimmte technische Entwicklungen können dadurch untersagt oder verzögert, andere beschleunigt werden. Es wird betont, daß damit keineswegs der technische Fortschritt zum Stillstand kommen soll. »Eine besser in die Natur eingepaßte, weichere Technik ist keine primitive, eher eine intelligente, raffinierte Technik.«[7] Sie könne sich u. a. auf die Biologie, die Genetik, die Elektronik, die Wirkstoff-Forschung stützen und durch den Einsatz von Mikroprozessoren kleine, maßgefertigte technische Einheiten schaffen. Es wird mehrfach betont, daß privatwirtschaftliche Entscheidungen über neue Techniken und Produkte nicht durch Behörden-Entscheidungen ersetzt werden sollen. Vielmehr gehe es darum, den privatwirtschaftlichen Einheiten klare Vorgaben zu machen und damit einen Rahmen abzustecken, innerhalb dessen sie sich frei entscheiden könnten.

Wird damit nicht trotzdem die staatliche *Bürokratie* noch weiter *aufgebläht,* und wachsen nicht die Staatsausgaben noch weiter an? Nach Ansicht E. Epplers kann das Gegenteil eintreten. Die bewußte Lenkung und Steuerung der Wachstumsprozesse entlaste den Staat nämlich von zahlreichen anderen Funktionen, die er bisher habe wahrnehmen müssen, als er sich nur mit den *Folgen* politisch ungesteuerter Wachstumsprozesse zu beschäftigen hatte.

Staatliche Mitteleinsparungen seien auch in der *Verteidigungspolitik* möglich, wenn eine konsequente Umrüstung auf die Heimatverteidigung hin erfolge. Damit könne zugleich ein Beitrag zur Abrüstung geleistet werden, denn eine rein defensive Rüstung brauche vom Osten nicht mehr als Bedrohung empfunden zu werden, und dies vermindere auch die Gefahr, daß die Entwicklungsländer in die Ost-West-Spannung hineingezogen werden. Diese Politik laufe nicht auf einen prinzipiellen Pazifismus hinaus, von dem Eppler sagt, daß er »auf absehbare Zeit nicht mehrheitsfähig« sei und daher »zwar als Stachel für die Gesellschaft nützlich (sei), aber politisch nicht wirksam werden (könne).«[8]

Die Verringerung staatlicher Ausgaben, mit denen bisher die Folgen ungesteuerter Wachstumsprozesse beseitigt werden mußten, und Einsparungen im Verteidigungshaushalt könnten die Voraussetzungen für eine veränderte Form der *Entwicklungshilfe* schaffen. Zunächst könnten Milliarden-Summen eingespart und für entwicklungspolitische Zwecke nutzbar gemacht werden, wenn es zu echten Abrüstungserfolgen käme. Eindrucksvoll sind in diesem Zusammenhang die Zahlenbeispiele, die der Bericht der Nord-Süd-Kommission (sog. »Brandt-Bericht«) enthält: ein Panzer kostet etwa soviel wie 1000 Klassenzimmer für 30 000 Kinder; ein Düsenflugzeug verschlingt dieselbe Summe, wie 40 000 Dorf-Apotheken kosten würden; ein halbes Prozent der jährlichen Rüstungsausgaben aller Länder der Welt würde ausreichen, um die Farmausrüstungen zu finanzieren, die notwendig wären, um bis zum Jahre 1990 die Nahrungsmittel-Selbstversorgung in den heutigen Defizit-Ländern der Dritten Welt zu erreichen usw.[9] (Auf die Implikationen dieser modernen Version des Jesaja-Wortes von der Umwandlung der Schwerter in Pflugscharen soll später eingegangen werden.)

Auch eine *selektive Wachstumspolitik* würde den Entwicklungsländern zugute kommen. Es wird erwartet, daß drastische Energieeinsparungen der Industrieländer das Preisniveau für fossile Energieträger auf den Weltmärkten senken würde, so daß diese Energieträger auch für Entwicklungsländer noch erschwinglich wären. »Jeder Liter Öl, jede Kilowatt-Stunde Strom, die wir zuhause einsparen, ist ein winziges Stück Entwicklungshilfe«, heißt es dazu bei E. Eppler.[10] Die Senkung des Weltmarkt-Preisniveaus für fossile Energieträger würde in den Entwicklungsländern außerdem die Notwendigkeit beseitigen, die einheimischen Wälder zur Gewinnung von Brennholz zu zerstören und würde damit einer verhängnisvollen Umweltzerstörung Einhalt gebieten.

In ähnlicher Weise wird daran gedacht, durch eine besondere *Verbrauchssteuer* die Fleischpreise in den Industrieländern zu erhöhen, damit den Fleischverbrauch zu vermindern und auf diese Weise die Einfuhr von Futtermitteln aus Entwicklungsländern zu drosseln, bei deren Produktion landwirtschaftliche Nutzflächen in Anspruch genommen werden. Diese könnten dann für die Erzeugung von Grundnahrungsmitteln für die einheimische Bevölkerung der Entwicklungsländer verwendet werden.[11]

Die »neue Reformpolitik« scheint auch bereit zu sein, den Wünschen der Entwicklungsländer nach einer *»Neuen Weltwirtschaftsordnung«* weitgehend entgegen zu kommen.[12] Als Bestandteil dieser Neuordnung wird seitens der Entwicklungsländer die Schaffung eines »gemeinsamen Rohstoff-Fonds« gesehen, der auf den Welt-Rohstoff-Märkten zur Aufrechterhaltung »stabiler und auskömmlicher Preise« intervenieren soll. Ein weiterer Bestandteil der gewünschten Reform bezieht sich auf das Weltwährungs-System. Die Entwicklungsländer fordern u. a. eine stärkere Beteiligung an den Entscheidungsprozessen im Internationalen Währungsfonds (IWF), eine Vorzugsstellung bei der Zuteilung neu geschaffener Sonderziehungsrechte, eine größere Verantwortung der Überschuß-Länder bei der Anpassung an Zahlungsbilanz-Ungleichgewichte, eine Auflockerung der Konditionen des IWF bei der Vergabe von Beistands-Krediten.[13] Insbesondere die Kreditvergabe des IWF wird als reformbedürftig angesehen. In zahlreichen Fällen hat der Fonds bisher seine Beistandskredite unter der Auflage vergeben, daß der Staatshaushalt des kreditsuchenden Landes durch drastische Sparmaßnahmen ausgeglichen wird. Diesen Sparmaßnahmen fielen dann auch Sozial- und Bildungs-Programme zum Opfer; in nicht wenigen Fällen hat die Durchführung dieser Maßnahmen schwere soziale und politische Unruhen in Entwicklungsländern zur Folge gehabt (so z. B. in Ägypten, Jamaika, Peru).

Ein Verzicht auf hohe Wachstumsraten der materiellen Produktion bei gleichzeitiger Beseitigung interner Einkommensunterschiede (sofern sie nicht leistungsbedingt sind) und einer stärkeren Anpassung der Binnenwirtschaft an die Bedürfnisse der Entwicklungsländer: ist das alles *politisch machbar?* E. Eppler ist optimistisch. Im Blick auf die Industrieländer setzt er auf »Veränderungen in den handlungsleitenden Wertorientierungen« in der jungen Generation, der neuen Mittelschicht »und darüber hinaus«.[14] Manche traditionellen Werte fielen zwar diesen Veränderungen zum Opfer, wie z. B. »die Wertschätzung aufopferungsvoller Arbeit auch in an sich unbefriedigender Berufstätigkeit; die Bereitschaft zu Höchstanstrengungen für gesellschaftlich anerkannte Leistungen sowie zur pflichtbewußten Ein- und Unterordnung auch in gesellschaftlichen Verhältnissen, die eigene Mitentscheidung weitgehend ausschließen.«[15] Demgegenüber gewännen andere Werte eine wachsende Bedeutung, wie z. B. Werte, »die auf umfassende individuelle Selbstverwirklichung, auf Hinwendung zu neuen Formen der Gemeinschaftserfahrung und -bindung, Verlangen nach rationaler Rechtfertigung aller gesellschaftlichen Verhältnisse unter Gerechtigkeits-Gesichtspunkten sowie auf Chancen zur sozialen Sinnerfahrung im Arbeitsleben und allen anderen Lebensbereichen gerichtet sind.«[16] Bei diesen Veränderungen handele es sich um langfristige stabile Trends, so daß damit gerechnet werden könne, daß sie mit der Zeit zu einer Änderung der parlamentarischen Mehrheitsverhältnisse in den Industrieländern führten und damit eine neue Reformpolitik politisch möglich mache. Dies erweitere dann auch den Spielraum für die Schaffung einer »Neuen Weltwirtschaftsordnung« und für eine aufgeklärte Reformpolitik in Entwicklungsländern.

4.2 Die Grenzen der Reformen

Das Programm der »neuen Reformpolitik« ist von einem außerordentlichen Idealismus geprägt. Ein Zyniker, der dem Ziel dieses Programms nicht zustimmen könnte, eine humane, ökologisch verträgliche Wirtschaftsentwicklung in allen Teilen der Welt zu ermöglichen! Aber mit Idealen allein ist es in der Politik nicht getan. Was man hier braucht, sind gangbare Wege zur Erreichung der jeweiligen Ziele und Menschen, die im Namen dieser Ziele zu außerordentlichen Anstrengungen und Opfern bereit sind und nicht nur von anderen ein entsprechendes Opfer verlangen. Hinsichtlich der *Realisierungschancen* und der *Trägergruppen* der geforderten Politik lassen sich aber einige schwerwiegende *Zweifel* nicht unterdrücken. Derartige Zweifel werden zwar auch von den Befürwortern dieser Politik manchmal kurz erwähnt, in der Regel aber dann mit abschwächenden Bemerkungen versehen, deren charakteristische Form etwa folgendermaßen lautet: »Natürlich gibt es zahlreiche Schwierigkeiten bei der praktischen

Durchführung dieser Vorschläge. Man wird sich hier noch etwas einfallen lassen müssen. Eines ist jedenfalls sicher: an Reformen dieser Art führt kein Weg vorbei.« Damit wird der schwarze Peter denen zugeschoben, die sich Gedanken über die Ausführung der vorgeschlagenen Reformen machen. Wenn sie zu dem Schluß kommen, daß diese Vorschläge undurchführbar sind, dann wird ihnen die moralische Verantwortung für das Scheitern der Reformen zugeschoben, was natürlich angesichts des behaupteten und tatsächlichen Fehlens einer Alternative besonders schwer ins Gewicht fällt.

Wenn wir uns trotzdem der undankbaren (aber notwendigen) Aufgabe stellen, über die Durchführung einer neuen Reformpolitik nachzudenken, dann werden ihre Grenzen sichtbar. Wir wollen uns hier vorwiegend mit den Grenzen befassen, die in den Industrieländern sowie auf internationaler Ebene bestehen. Vier derartige Begrenzungen sollen hier erwähnt werden:

a) die begrenzten Möglichkeiten einer politischen Steuerung von Wachstumsprozessen,
b) die geringen Chancen zur Einschränkung der Staatsausgaben in den Industrieländern,
c) die Grenzen einer Neuordnung der Weltwirtschaft,
d) die Grenze der politischen Machbarkeit.

Zu a) Die begrenzten Möglichkeiten einer politischen Steuerung von Wachstumsprozessen

Die »neue Reformpolitik« fordert vor allem im Blick auf die Entwicklung von neuen Produkten und Technologien eine bewußte politische Steuerung. Das entscheidende Problem besteht hier darin, daß solche Neuerungen von ihren Urhebern erst dann bekannt gemacht werden, wenn sie marktreif sind, d. h. wirtschaftlich verwertet werden können. Vorher werden sie geheim gehalten, damit nicht die Konkurrenten von Erkenntnissen profitieren, für die man selber einen hohen Preis gezahlt hat. Sind diese Neuerungen aber marktreif, dann ist es für eine Lenkung oder Beeinflussung durch »unabhängige, pluralistisch zusammengesetzte Kommissionen« in der Regel schon zu spät. Wird zu diesem Zeitpunkt die Verwertung bestimmter Neuerungen verboten, dann entstehen den Unternehmen erhebliche Verluste. Die sicherste Folge einer solchen Politik ist die Lähmung des technischen Fortschritts. Dieselbe Wirkung tritt dann ein, wenn staatliche Organe oder öffentliche Kommissionen versuchen, in die laufenden Forschungs- und Entwicklungsaktivitäten privater Firmen Einblick zu nehmen. Das Risiko, hohe Forschungsaufwendungen zu erbringen, ohne daß die privatwirtschaftliche Nutzung der erhofften Ergebnisse sichergestellt ist, wird die meisten Firmen zu äußerster Zurückhaltung in ihren Forschungsaktivitäten veranlassen.

Natürlich könnte der Staat die Forschungs- und Entwicklungstätigkeiten in eigene Regie nehmen, er könnte seine Mitsprache bei der privaten Forschungstätigkeit mit entsprechenden Subventionen erkaufen, oder er könnte sich auf bloße Vorgaben für die private Forschungstätigkeit beschränken. Eindeutig vorteilhaft wäre eine solche Lenkung nur dann, wenn auf diese Weise schädliche *Nebenwirkungen* des technischen Fortschritts eher *vermieden* werden könnten als bei einer rein privatwirtschaftlichen Forschungsaktivität ohne öffentliche Vorgaben. Für die Vertreter der »neuen Reformpolitik« scheint dieser Erfolg eine ausgemachte Sache zu sein.

Bei näherem Zusehen wird man diese Erwartung kaum teilen können. Staatliche Behörden und öffentliche Kommissionen sind kaum weniger dem *Irrtum* unterworfen als private Unternehmen, und sie können in der Regel künftige Entwicklungen auch nicht besser voraussehen als diese. Nehmen wir zur Illustration folgendes Beispiel. Ein pharmazeutisches Unternehmen bietet nach jahrelangen Forschungen ein neues Medikament an. Die Verwendung dieses Medikaments führt in irgendeinem Teil der Welt zu einem erheblichen Rückgang der Sterberate und damit zu einem schnellen Bevölkerungswachstum. Als Folge davon intensiviert sich die Beanspruchung des Ackerlandes in diesem Teil der Welt, und dies führt nach einigen Jahren zu einer schwerwiegenden Bodenerosion. Können Fernwirkungen dieser Art von irgend jemand vorausgesehen werden? Lassen sie sich durch »klare Vorgaben« für die pharmazeutische Industrie vermeiden? Man wird diese Fragen wohl kaum bejahen können. Die schwerwiegendsten Folgen des technischen Fortschritts sind aber gerade solche, die langfristig in Erscheinung treten und die zum Zeitpunkt des Entstehens technischer Neuerungen nicht vorhersehbar sind. Hier hilft auch eine breite öffentliche Diskussion nicht weiter. E. Eppler weist z. B. selbst darauf hin, daß noch »Ende der 60er Jahre die Frage nach der friedlichen Nutzung der Atomkraft von einer erdrückenden Mehrheit mit einem simplen: 'Ja, warum denn nicht?' abgetan« würde.[1] Auch wenn es damals die von Eppler geforderten Diskussionsmöglichkeiten gegeben hätte, wären die Weichenstellungen in der Energiepolitik kaum anders ausgefallen.

Ganz allgemein gilt, daß jeder Versuch einer Lenkung des technischen Wandels davon auszugehen hat, daß der technische Fortschritt die Summe vieler kleiner, ungeplanter Ergebnisse menschlicher Kreativität und Eigeninitiative ist. Theoretische Argumente wie praktische Erfahrungen sprechen dafür, daß die sicherste Folge einer öffentlichen Steuerung des Fortschritts darin besteht, daß der Spielraum für diese Kreativität und Eigeninitiative eingeschränkt und damit der Fortschritt *verlangsamt* wird. Man kann also folgendes sagen: Die öffentliche Kontrolle bzw. Beeinflussung privatwirtschaftlicher Forschungstätigkeiten ist entweder wirkungslos; dann wird auch keine Verlangsamung oder Blockierung des technischen Fortschritts zu erwarten sein. Oder diese Kontrolle ist wirkungsvoll; dann wird mit einer *Lähmung* des technischen Fortschritts zu rechnen sein. Genau diese Konsequenz soll aber auch nach Meinung der Reformpolitiker auf jeden Fall vermieden werden.

Zu b) Die geringen Chancen einer Einschränkung der Staatsausgaben

Eine zweite Grenze in der Durchführung der »neuen Reformpolitik« besteht hinsichtlich der Möglichkeiten, durch eine bewußte Wachstumslenkung Einsparungen im Staatshaushalt vorzunehmen. Nehmen wir einmal das von Eppler erwähnte Beispiel des Individualverkehrs, der eine große Zahl öffentlicher Dienstleistungen nach sich zieht (Bau und Unterhaltung von Straßen, polizeiliche Verkehrsüberwachung und Verfolgung von Verkehrsdelikten, Aufwendungen bei den Technischen-Überwachungs-Vereinen und den Kfz-Zulassungsstellen, Ärzte und Pflegepersonal in Unfallkliniken usw.).[2] Es ist kaum zu erwarten, daß bei diesen Kosten nennenswerte Einsparungen möglich sind, wenn die *Wachstumsraten* der Automobilproduktion auf Null sinken. Das *Niveau* der PKW-Haltung bliebe davon ja unberührt, und es soll nach Meinung Epplers auch gar nicht verringert werden. Alle Maßnahmen zur Lenkung der *zusätzlichen* Produktion würden also die Ausgaben des Staates eher steigen als sinken lassen. Dasselbe gilt auch hinsichtlich anderer staatlicher Dienstleistungen. Die selektive Wachstumspolitik will ja die Industriegesellschaft nicht beseitigen. Neue Funktionen des Staates in der Lenkung der Wirtschaftstätigkeit würden daher die alten Staatsfunktionen nicht überflüssig machen.

Wie steht es mit *Mitteleinsparungen im Verteidigungshaushalt?* In der Umrüstung als einem Mittel zur Abrüstung wurde eine solche Einsparungsmöglichkeit gesehen. Doch auch hier sind deutliche Begrenzungen unverkennbar. Möglicherweise käme die Bundesrepublik mit geringeren Etat-Mitteln aus, wenn sie sich stärker am Modell der Heimatverteidigung orientieren würde, das den Einsatz mobiler, kleiner Kommando-Einheiten vorsieht.[3] Die Abschreckung mit strategischen Waffen soll dadurch nicht ersetzt werden, und für sie wären dann nach wie vor die USA zuständig.[4] Deshalb wäre diese Umrüstung natürlich mit den USA abzustimmen. Die Amerikaner reagieren aber verärgert, wenn sie den Eindruck gewinnen, daß sie die Hauptlast der Verteidigung zu tragen haben und ihre Verbündeten am Verteidigungsetat nur insofern interessiert sind, als daran gespart werden kann. Sollte sich in den USA der Eindruck verstärken, daß z.B. die Bundesrepublik die Rolle eines verteidigungspolitischen »Trittbrett-Fahrers« spielen will, dann würde dies mit Sicherheit unseren außenpolitischen Handlungsspielraum einengen. Es dürfte illusorisch sein, dann noch mit einem nennenswerten Einfluß auf die Abrüstungsverhandlungen zwischen den beiden Supermächten zu rechnen.

Dies ist aber die entscheidende Verhandlungsebene, wenn es um eine Beendigung des wahnsinnigen Rüstungswettlaufs geht. Im Blick darauf muß eine bittere Wahrheit ausgesprochen werden. Das Beharren auf ein jederzeitiges Gleichgewicht im Zuge eines Abrüstungs-Prozesses macht mit großer Sicherheit die Abrüstung unmöglich, weil der Begriff des Gleichgewichts nicht eindeutig zu definieren ist.[5] Soll Abrüstung also zustande kommen, dann nur so, daß man sich von der Gleichgewichts-Ideologie frei macht. Im Klartext heißt dies aber, daß der Westen, wenn er die Initiative für eine ernsthafte Abrüstung ergreifen will, *einseitige Vorleistungen* zu erbringen hat. Sie müssen mehr sein als freundliche Gesten; der Verzicht der Regierung Carter auf den Bau des B1-Bombers ist von der UdSSR z. B. nicht als eine Verringerung ihrer Bedrohung aufgefaßt worden und hat sie deshalb auch nicht zu einer erkennbaren Verringerung ihrer eigenen Rüstungs-Anstrengungen veranlaßt. Auch eine Rücknahme des unglückseligen NATO-Doppel-Beschlusses würde die Sowjetunion vermutlich nicht dazu veranlassen. Die westlichen Vorleistungen müßten schon so deutlich ausfallen, daß sie vom Osten als eine spürbare Verminderung seiner Bedrohung verstanden werden könnten. Wenn diese Vorleistungen aber so ausgeprägt sind, dann erhöhen sie automatisch auch die eigene Gefährdung. An dieser Erkenntnis kommt man nicht vorbei: Soll das Abrüstungssignal für den Osten eindeutig sein, dann muß es aus Schritten bestehen, die uns in zusätzliche Gefahren bringen.

Wie wird der *Osten* darauf *reagieren?* Wird ein Aufatmen durch den Kreml gehen, weil man endlich vom Druck der hohen Rüstungsausgaben befreit ist und sich verstärkt der Produktion für friedliche Zwecke zuwenden kann? Wird die Bereitschaft vorhanden sein, einen Teil der frei werdenden Mittel für die Entwicklungshilfe zu verwenden und dabei auch noch mit westlichen Ländern zusammenzuarbeiten, wie es im Brandt-Bericht für wünschenswert gehalten wird? Oder werden die sowjetischen Militärs — die gegenüber der Parteiführung einen durchaus eigenständigen Machtfaktor darstellen[6] — die westliche Schwäche nutzen? Werden sie in Asien oder Afrika einige »Flurbereinigungen« in ihrem Sinne vornehmen, weil nicht mehr mit Reaktionen des Westens zu rechnen ist? Wird die Versuchung wachsen, den Westen hier und dort unter Druck zu setzen? Man muß nicht gleich an den großen Angriffskrieg denken, der gegenwärtig unwahrscheinlich ist. Es gibt auch eine schleichende Knebelung, die schließlich einen Zustand erreichen läßt, in dem man sich entweder kampflos preisgibt oder aber in einer gewaltigen Anstrengung neu aufrüstet, um das, was man als Fehler erkannt hat, wiedergutzumachen. Damit würde sich natürlich die akute Kriegsgefahr drastisch erhöhen.

Man kann daran zweifeln, ob alle, die heute für eine konsequente Abrüstung demonstrieren, sich über diese Risiken wirklich im klaren sind. Der Hinweis darauf, daß der Rüstungswettlauf inzwischen zu einem Überlebensrisiko der Menschheit geworden ist, bietet keinen Ausweg, sondern zeigt nur, wie komplex die Gefahren sind, die uns von allen Seiten umgeben. Vielleicht öffnet der *Glaube* an den, der sagt: »In der Welt habt ihr Angst, aber seid getrost, ich habe die Welt überwunden« (Joh. 16, 33) heute die einzige Möglichkeit, sich *illusionslos* auf die *Suche* nach einem *echten Frieden* zu machen. (Wir werden darauf im 5. Kapitel zurückkommen.) Eine solche Haltung ist zur Zeit in der Bundesrepublik (und darüber hinaus) »politisch nicht mehrheitsfähig«, wie E. Eppler nüchtern feststellt.[7] Deshalb muß man bezweifeln, ob eine Umrüstung zur Abrüstung führt mit der Folge einer nennenswerten Einsparung an den gegenwärtigen Rüstungsausgaben.

Zu c) Die Grenzen einer »Neuordnung der Weltwirtschaft«

Weder über eine »selektive Wachstumspolitik« noch über eine veränderte Verteidigungsstrategie würden also bei gegebener Mentalität der Bevölkerung in den Industrieländern nennenswerte Einsparungen in den öffentlichen Haushalten möglich sein. Deshalb ist auch nicht damit zu rechnen, daß der Spielraum für Entwicklungshilfe-Leistungen auf diese Weise wesentlich erweitert werden könnte. Damit kommen wir zu einer dritten Begrenzung der »neuen Reformpolitik«. Sie gilt hinsichtlich der Förderung von Entwicklungsprozessen in der Dritten bzw. Vierten Welt.

Die im Abschnitt 4.1 genannten Vorschläge beziehen sich im wesentlichen auf eine *Verbesserung der weltwirtschaftlichen Bedingungen* für derartige Entwicklungsprozesse. Doch es wurde bereits mehrfach darauf hingewiesen, daß die eigentlichen Entwicklungsprobleme nicht finanzieller oder weltwirtschaftlicher Art sind, sondern daß sie in menschlichen Verhaltensweisen und Traditionen sowie Sozialstrukturen und Machtverhältnissen innerhalb der Entwicklungsländer begründet liegen. Wie sich Änderungen der Weltwirtschaftsordnung auf diese Ursachen der Armut auswirken würden, ist nicht sicher. Entwicklungshemmende Kräfte können überwunden, sie könnten aber auch verstärkt werden. Man darf sich nur einmal vorstellen, welchen Machtzuwachs die Führungselite eines Landes, die den nationalen Außenhandel kontrolliert, erfahren würde, wenn durch internationale Abkommen ein höheres Preisniveau für die Exportprodukte dieses Landes zustande käme. Daß dies mit der Zeit auch den Unterschichten des betreffenden Landes zugute käme, ist nicht sicher.

Ganz abgesehen von dieser entscheidenden Frage lassen sich zahlreiche *Zweifel* am Sinn und an der *Realisierbarkeit* der genannten Vorschläge anbringen. Es ist beispielsweise höchst unsicher, ob die Energieeinsparung in den Industrieländern den erdöl*importierenden* Entwicklungsländern unmittelbar zugute käme. Ob dies eintritt, hängt nämlich entscheidend vom Verhalten der erdöl*exportierenden* Entwicklungsländer ab. Diese könnten, was einige von ihnen bereits praktiziert haben, bei einem einsparungsbedingten Nachfragerückgang der Industrieländer ihre Fördermengen reduzieren, um den Preis aufrechtzuerhalten. Die erdölarmen Entwicklungsländer hätten davon keinen Vorteil. Es ist auch keineswegs gesagt, daß die Einschränkung des Fleischverbrauchs in den Industrieländern — sollte er tatsächlich durch eine Fleischsteuer ausgelöst werden können — und ein dadurch verursachter Exportrückgang der Entwicklungsländer bei Futtermitteln zu einer vermehrten Produktion von Grundnahrungsmitteln in diesen Ländern führen würde. Dies könnte in vielen Fällen nur dann erwartet werden, wenn es zu einer Agrarreform käme — aber daran wird eine Regierung auch durch die Möglichkeit des Agrarexportes nicht gehindert. Taiwan hat gezeigt, daß es möglich ist, eine konsequente Agrarreform durchzuführen, landwirtschaftliche Erzeugnisse zu exportieren und zugleich die Ernährung der inländischen Bevölkerung zu verbessern.

Über die Problematik der von den Entwicklungsländern geforderten Neuordnung des *internationalen Rohstoffhandels* ist schon viel geschrieben worden.[8] Auch die sachkundigsten Anwälte dieser Forderungen haben die Bedenken nicht zerstreuen können, daß damit die Agrarpolitik der EG auf Weltebene wiederholt werden könnte. Was sollen »stabile und auskömmliche Preise«, die durch Markteingriffe herbeizuführen seien, anders sein als stabile Preise *über* dem Markt-Preisniveau! Wer aber Preise festsetzt, die vom Markt-Preisniveau abweichen, der muß auch die Nachfrage und das Angebot kontrollieren. Auf weltweiter Ebene würde dies auf eine »supranationale Verwaltung der Rohstoff- und Energievorräte« hinauslaufen[9] — also die Errichtung von Markt-Ordnungsbehörden auf Weltebene für alle wichtigen Rohstoffe und Energieträger. Nichts spricht dafür, daß eine Welt-Bürokratie effizienter arbeiten würde als die EG-Bürokratie. Wenn man sich den unvorstellbaren Wirrwarr der EG-Markt-Ordnungspolitik ansieht, dann kann man nur hoffen, daß es nicht zur »supra-nationalen Verwaltung der Rohstoffe und Energievorräte« kommt.

Nicht viel positiver fällt das Urteil über die *währungspolitischen Vorstellungen* aus, die im ersten Abschnitt dieses Kapitels geäußert worden sind. Der Internationale Währungsfonds (IWF) wird nicht davon abgehen können, die Vergabe von Beistandskrediten an stabilitätspolitische Auflagen zu knüpfen. Andernfalls verspielt er das Vertrauen der devisenreichen Länder, die ihm Gelder zur Verfügung stellen, und damit würde er funktionsunfähig werden. Man hat mit Recht gefordert, der Fonds sollte stärker als bisher sozialpolitische Kriterien bei seiner Vergabepolitik berücksichtigen. So berechtigt diese Forderung ist, der IWF wird nur zum Teil darauf eingehen können. Eine währungspolitische Instanz hat nun einmal andere Aufgaben als eine Wohlfahrtsorganisation. Übernimmt der IWF die Aufgabe einer internationalen Wohlfahrtspolitik, so setzt er seine Existenz aufs Spiel, und damit ist niemand gedient, am allerwenigsten den Entwicklungsländern. Auch der Vorschlag, die Entwicklungsländer bei der Zuteilung von Sonderziehungsrechten zu bevorzugen, krankt an der Vermischung währungspolitischer und entwicklungspolitischer Zielsetzungen.

Die Forderung schließlich, die *Stimmrechtsverhältnisse im IWF* zugunsten der Entwicklungsländer zu ändern, ist ohne große reale Bedeutung. Wenn sich die devisenstarken Überschußländer im Fonds die Interessen der devisenschwachen Entwicklungsländer nicht zu eigen machen wollen, dann würde diesen Entwicklungsländern auch eine Stimmenmehrheit nichts nützen; die übrigen Mitgliedsländer könnten jederzeit die Mitarbeit bei der Verwirklichung solcher Beschlüsse verweigern, bei denen sie einen finanziellen Beitrag leisten müßten, und ohne die Mitarbeit der devisenstarken Länder wäre der Fonds nicht handlungsfähig. An diesem Beispiel zeigt sich besonders deutlich, wie wenig einerseits mit strukturellen Reformen gewonnen ist, wenn dahinter nicht eine veränderte Haltung von Regierungen und damit von Bevölkerungsmehrheiten steht, und wie vergleichsweise nebensächlich andererseits solche Reformen sind, wenn sich tatsächlich die Politik der Regierungen ändert und dies durch eine gewandelte Einstellung von Bevölkerungsmehrheiten ermöglicht wird.

Mit diesen kritischen Einwänden[10] soll nicht gesagt werden, daß die Probleme und Vorschläge der Entwicklungsländer keine Beachtung verdienten. (Der Verfasser hat sich an anderer Stelle damit auseinandergesetzt und die Konturen eines *alternativen Vorschlages* skizziert.)[11] Hier soll lediglich darauf hingewiesen werden, wie problematisch einige der Forderungen der Entwicklungsländer sind und wie gering ihre Realisierungschancen eingeschätzt werden müssen.

Zu d) Die Grenzen der politischen Machbarkeit

Im Abschnitt 4.1 wurde darauf hingewiesen, daß die Verwirklichung der genannten Vorschläge vor allem von denen ein materielles Opfer verlangt, die vergleichsweise hohe Einkommen erzielen und von denen deshalb angenommen werden kann, daß sie im wirtschaftlichen Sinne besonders »leistungsstark« sind. Die innerhalb der Industrieländer geforderte Einkommensumverteilung und die dadurch ermöglichte neue Entwicklungspolitik soll im wesentlichen von diesen Bevölkerungsgruppen getragen werden (vgl. S. 83); es ist anzunehmen, daß es zugleich diejenige Gruppe ist, der bei der Entwicklung neuer Techniken und bei der Erschließung neuer Wachstumspfade eine entscheidende Rolle zufällt (vgl. S. 84). Können sie als eine der *Trägergruppen* für die »neue Reformpolitik« gewonnen werden? Sind sie bereit, die erforderlichen Anstrengungen auf sich zu nehmen und dabei auf eine Sicherung ihres Einkommensvorsprungs zu verzichten?

Im Blick auf diese Möglichkeit scheint auch E. Eppler skeptisch zu sein. Er geht davon aus, daß eine zusätzliche Belastung der besserverdienenden Bevölkerungsgruppen durch *höhere Lohn- und Einkommenssteuern* gegenwärtig nicht in Frage kommt.[12] Deshalb fordert er, den Staat von seinen Umverteilungsaufgaben zu entlasten und statt dessen die »primäre Einkommensverteilung« gleichmäßiger zu gestalten, d. h. diejenige Verteilung der Einkommen, die sich unmittelbar aus der Teilnahme am Produktionsprozeß ergibt. In diesem Zusammenhang wird die Abschaffung der unteren Lohngruppen vorgeschlagen.[13]

Diese Forderung ist äußerst problematisch. Mit einiger Sicherheit ist damit zu rechnen, daß damit die *Arbeitslosigkeit* der niedrigqualifizierten Arbeitskräfte erhöht wird, und zwar gerade dann, wenn auf eine globale Wachstumsförderung verzichtet werden soll. Jedes Unternehmen muß darauf achten, daß zwischen Kosten und Erträgen ein akzeptables Verhältnis gewahrt bleibt. Es wird deshalb geneigt sein, niedrig-qualifizierte Arbeitskräfte, deren Produktivität in der Regel niedrig ist (andernfalls brauchte man sich über ihr Lohnniveau nicht viel Gedanken zu machen), noch mehr als bisher durch Maschinen zu ersetzen. Die »neue Reformpolitik« sieht sich also vor dem Dilemma, entweder die geforderte Umverteilung über Steuern durchzusetzen und damit die eigene Wählerbasis zu gefährden oder sie über Eingriffe in die Lohnstruktur durchzusetzen und dadurch die Arbeitslosigkeit zu erhöhen.

Eine Änderung der *Wählermentalität* würde einen Ausweg aus diesem Dilemma ermöglichen. In der Tat setzt die »neue Reformpolitik« sehr stark auf die geänderten Wertorientierungen »in der jungen Generation, in der neuen Mittelschicht und darüber hinaus« (siehe Anmerkung 14, S. 86f.) und den dadurch zu erwartenden Verschiebungen in den politischen Kräfteverhältnissen. Ist dies eine tragfähige Grundlage für die zu bewältigenden immensen Aufgaben? Führen die geänderten Wertorientierungen zu einer größeren Opferbereitschaft, so daß eine Umverteilungspolitik finanzierbar wird, oder führen sie nur zu neuen Forderungen? Eher ist das letztere zu erwarten. Insofern erscheint eine gewisse Skepsis angebracht, ob die »neue Reformpolitik« wirklich mit genügend starken Trägergruppen rechnen kann. Es gibt zu viel Verworrenheit in der Analyse, Widersprüchlichkeit in den Motiven und Bequemlichkeit in der Lebensführung bei denen, auf die sich so große Erwartungen richten.

Auch die neuen Reformpolitiker bestreiten z. B. nicht, daß wir auf vielen Gebieten *neue technische Lösungen* brauchen und daß die Entwicklung auf den Einsatz kleiner technischer Einheiten hinzielt (Mikroprozessoren zur Steuerung eines optimalen Energie- und Materialflusses im Handwerk, in der Landwirtschaft, im Haushalt, in der Industrie, im Transportwesen; benutzerintensive Kleincomputer im Büro usw.). Angesichts dieser Notwendigkeit muß die wachsende *Technik-Feindschaft* gerade unter den »Alternativ-Gruppen« bedenklich stimmen. Die romantisierende Verklärung primitiver Produktionsweisen, die wir hier oft beobachten, hilft wohl kaum weiter. Offenbar herrscht weithin das fundamentale Mißverständnis, die neue »sanfte Technik« sei ohne Anstrengung zu haben. Das Gegenteil ist richtig. Die neuen Formen der Technik erfordern größere intellektuelle Anstrengungen und ein breiteres naturwissenschaftliches Wissen als zuvor.

Gerade Werte wie »Bereitschaft zu Höchstanstrengungen« und »Wertschätzung aufopferungsvoller Arbeit« unterliegen aber bei denen, die als Schlüsselgruppen für die Durchsetzung einer neuen Politik angesehen werden, einer schnellen Auszehrung, wogegen hier Werte wie »umfassende individuelle Selbstverwirklichung« eine wachsende Bedeutung erlangen (vgl. Anmerkungen 15 und 16, S. 87). Man kann sich des Eindrucks nicht erwehren, daß auf diese Weise die *genußvollen Seiten* des Daseins voll bejaht, die *mühevollen Seiten* aber *verdrängt* werden. Es paßt ins Bild, wenn diejenigen, die sich besonders stark für eine neue Politik einsetzen, zugleich Umverteilungsmaßnahmen zu ihren Gunsten fordern, aber alle Verpflichtungen weit von sich weisen, die sich daraus ergeben könnten (man betätigt sich z. B. aktiv für den Umweltschutz, fordert mit großer Selbstverständlichkeit eine höhere staatliche Ausbildungsförderung und weist zugleich jede Verpflichtung zurück, diese Zahlungen mit entsprechenden Studienleistungen zu honorieren). Im Blick auf die Anforderungen, die mit der Entwicklung neuer Technologien, einem verstärkten Engagement für Entwicklungsländer und der Sicherung von Arbeitsplätzen unter Wahrung der internationalen Konkurrenzfähigkeit verbunden sind, geben diese Entwicklungen nicht viel Grund zum Optimismus.

Dasselbe gilt auch im Blick auf andere *Ungereimtheiten* bei denen, die sich sehr engagiert für neue politische Prioritäten einsetzen. Da fordert man einerseits den Verzicht auf eine Autobahnstrecke und protestiert andererseits gegen die Aufstellung von Strommasten, die nötig sind, um eine Nahverkehrsstrecke der Bundesbahn durch Elektrifizierung leistungsfähiger zu machen. Man fordert einen verstärkten Wohnungsbau und demonstriert zugleich gegen die Eröffnung einer Kiesgrube, aus der Baumaterial für den Wohnungsbau gewonnen werden könnte. Da kämpft man verbissen um das Leben von Bäumen und legt eine erschreckende Gefühllosigkeit beim Schutz ungeborenen Lebens an den Tag. Die Reihe solcher Beispiele ließe sich fortsetzen. Ungereimtheiten dieser Art lassen die Vermutung aufkommen, daß es mit dem Engagement für das Gemeinwohl bald zu Ende wäre, wenn es dabei um ein echtes persönliches Opfer ginge.

Es ist deshalb zweifelhaft, ob die Trägergruppen der »neuen Reformpolitik« wirklich stark genug sind, um eine solche Politik durchführen zu können. Diejenigen, auf deren Leistungskraft und Opferbereitschaft es vor allem ankäme, scheinen bisher kaum dafür gewonnen worden zu sein; diejenigen dagegen, die sich dafür engagieren, fordern eher von anderen Opfer, als daß sie selbst zu Opfern bereit wären.

Fassen wir die Überlegungen dieses Abschnitts *zusammen*. Das Programm der »neuen Reformpolitik« ist von einem hohen Idealismus geprägt. Aber die Durchführung dieses Programms stößt an viele Grenzen: die geringen Möglichkeiten einer politischen Steuerung des technischen Wandels, die geringen Chancen einer Einschränkung der Staatsausgaben in den Industrieländern, die dadurch beengten Möglichkeiten der Entwicklungshilfe, die fehlende Realisierbarkeit zahlreicher Vorschläge zur Neuordnung der Weltwirtschaft und die unsicheren Auswirkungen neuer weltwirtschaftlicher Bedingungen auf die nationalen Entwicklungsprozesse in der Dritten und Vierten Welt. Einige der genannten Grenzen wären zu überwinden, wenn sich in den wichtigsten Industrieländern Wählermehrheiten für die Durchführung der »neuen Reformpolitik« gewinnen ließen und zu diesen Mehrheiten auch diejenigen Gruppen gehörten, auf deren Opferbereitschaft und Mitarbeit es vor allem ankäme. Es deutet aber wenig darauf hin, daß diese Voraussetzung gegeben ist.

Hinsichtlich der zentralen Forderungen einer »neuen Reformpolitik« wird gesagt, daß ihre Verwirklichung unerläßlich sei, um die »selbstzerstörerisch gewordene Industrie-Zivilisation durch eine bewußt geplante, qualitativ andere Welt-Zivilisation abzulösen«.[14] Zugleich gilt jedoch die Feststellung: »Ein Subjekt, das die längst global gewordenen Fragen beantworten, die blinde Entwicklung im humanen Interesse steuern könnte, existiert noch nicht, die Menschheit ist nach wie vor Objekt, nicht Subjekt ihres Schicksals.«[15] Einerseits seien wir also — bei Strafe weltweiter Katastrophen — zum Handeln gezwungen, andererseits seien wir gerade zu diesem Handeln nicht in der Lage. Dies ist das *Dilemma* der Reformpolitik.

4.3 Müssen Christen Reformer sein?

Die genannte Frage klingt rhetorisch. Natürlich müssen Christen Reformer sein, wenn sie ihren Glauben ernst nehmen und sehen, daß verhängnisvolle Entwicklungen nicht nur zum diakonischen Handeln der Gemeinde, sondern auch zur Mitwirkung an Gesetzbildungs-Prozessen und an der öffentlichen Verwaltung herausfordern! *»Suchet der Stadt Bestes«,* ruft der Prophet Jeremia den in Babylon gefangen gehaltenen Volksgenossen zu (Jer. 29, 7). Wieviel mehr gilt diese Aufforderung der christlichen Gemeinde in ihrem Verhältnis zu Städten und Staaten, in denen sie Bürgerrecht genießt.

Es gab auch zu *allen Zeiten Christen,* die in diesem Sinne *wirksam* wurden. Ph. J. Spener, der »Begründer« des Pietismus, entwickelte z. B. 200 Jahre vor ihrer tatsächlichen Verwirklichung die Idee eines nationalen Sozialversicherungs-Planes. Der Pfarrer J. F. Oberlin sorgte Ende des 18. Jahrhunderts für den Brücken- und Straßenbau sowie für eine Arbeitsbeschaffung im armen elsässischen Steintal. Mitte des 19. Jahrhunderts entwickelte der Fabrikant Carl Mez, einer der führenden Pietisten Badens, das Modell einer »Bundesfabrik«, d. h. einer Fabrik im Miteigentum der Arbeiter, und er gab seiner Hoffnung Ausdruck, daß auch einmal die Industrie nicht nach »monarchischen«, sondern nach demokratischen Prinzipien geleitet werden möge.[1] Bekannt ist auch die aktive Beteiligung der englischen Methodisten zur Zeit Wesleys an der Reform des Strafvollzuges und der Arbeitsschutzgesetzgebung sowie der Gründung des allgemeinen Schulwesens in England.[2] Es waren ferner führende Methodisten, die entscheidenden Anteil an der Abschaffung des britischen Sklavenhandels hatten und die dabei einen zähen parlamentarischen Kampf gegen die Interessen mächtiger Handelskompanien führten.[3] In der Gegenwart kennen wir christliche Unternehmer, die neue Formen des Miteigentums und der Mitbestimmung für Belegschaftsangehörige entwickelt und damit Pionierarbeit für die Verabschiedung entsprechender Gesetze geleistet haben. Wir wissen auch, daß in vielen Entwicklungsländern Christen an verantwortlichen Stellen in Wirtschaft und Politik tätig sind.

Die oben genannte Frage scheint sich also von selbst zu beantworten. Doch so eindeutig liegen die Dinge nicht. Die Kirchengeschichte kennt leider auch genügend Beispiele *des Versagens* der Gemeinde angesichts drängender sozialer und politischer Nöte. Im 19. Jahrhundert war es die Kehrtwendung des Pietismus zu einer Kultur der Innerlichkeit, die wesentlich zur Blindheit protestantischer Kreise gegenüber der sozialen Frage beigetragen hat. In unserem Jahrhundert ließ die verhängnisvolle Auswirkung einer falsch verstandenen Zwei-Reiche-Lehre die evangelischen Kirchen allzu lange zur Despotie des Nationalsozialismus schweigen, und die Gegenwart kennt genügend christliche Gruppen, die am liebsten nichts mit der »Welt« zu tun haben wollen und die das prophetische Wort »Suchet der Stadt Bestes« gründlich verdrängt haben. Es geht also keineswegs um eine Liste von Erfolgsmeldungen, wenn über die soziale und politische Verantwortung der christlichen Gemeinde nachgedacht wird. Geht man von den vielen negativen Erfahrungen aus, so müßte man die oben genannte Frage eher abwandeln und sagen: Christen sind viel zu selten Reformer gewesen, sie müßten es viel häufiger werden!

So richtig dieser Satz ist, so sorgfältig ist zugleich über seine Konsequenzen nachzudenken. »Reformpolitik« ist heute ja kein christliches Unternehmen mehr, wie es etwa zur Zeit Wesleys in England der Fall war. Von »Reformen« sprechen heute große gesellschaftliche Gruppen, die sich keineswegs als Verwalter eines christlichen Erbes verstehen. Gerade wenn die Gemeinde ihre politische und soziale Verantwortung ernst nimmt, wird sie ihr *Verhältnis zu diesen Reformbewegungen* klären müssen. Es ist nicht damit getan, daß sie sich rückhaltlos überall dort engagiert, wo man nach »Reformen« ruft. Sie wird sich z. B. fragen müssen, ob sie die jeweilige Reformideologie übernehmen kann, die konkreten politischen Aktionen zugrunde liegt, und welche Konsequenzen es für sie hat, wenn sie sich von ihrem Selbstverständnis her diese Ideologien nicht zu eigen machen kann. Blindes Engagement ist mindestens ebenso schädlich wie blinde Passivität.

Fragt man nach der *ideologischen Komponente moderner Reformen,* so stößt man sofort auf den gigantischen Anspruch, der gerade von Anhängern einer »neuen Reformpolitik« an diese Politik gestellt wird. Es geht ihnen um nicht weniger als um die bewußte Lenkung der Menschheitsgeschichte. Es bestehe, so wird gesagt, »kein Grund zu der Annahme..., die Entwicklung der Welt werde von einer gütigen Vorsehung oder einer 'invisible hand' trotz aller in ihr angelegter Widersprüche und Katastrophen doch noch zu ihrem 'Heil' gelenkt werden. Die Menschheit kann sich den Luxus der planlosen Schicksalsüberantwortung nicht mehr leisten. Sie muß ihr Geschick in die eigenen Hände nehmen.«[4] Hier wird also von der Alternative gesprochen: Preisgabe an ein planloses Schicksal oder bewußte Lenkung der Menschheitsgeschichte durch den Menschen selbst. Im nächsten Satz spricht derselbe Autor davon, daß es »die (einige) Menschheit nicht (gibt)« und es gebe »nicht einmal das einige (aufgeklärte) Volk, das Subjekt (oder wenigstens Rückhalt) einer internationalen Steuerung des ökonomischen und technischen Entwicklungsprozesses sein könnte. Beide müssen erst 'gebildet' werden, im Doppelsinne dieses Wortes.«[5]

Wie kann dieses Subjekt »gebildet« werden, das die Steuerung der Menschheitsgeschichte in seine Hand nehmen soll? Die Antwort, die wir erhalten, lautet: durch *Aufklärung!* Rational aufgeklärte Minderheiten, die als »Multiplikatoren« wirken könnten, sollen eine von »aufgeklärter und rationaler Einsicht getragene Regierungstätigkeit« unterstützen, die zwar kaum in idealer Form erreichbar sei, aber doch zumindest angestrebt werden solle.[6] »Aufklärung« ist hier das Werk von Minderheiten, die sich selbst eine rationale Einsicht in die Überlebensbedingungen der Menschheit verschaffen, diesen Bedingungen entsprechend handeln, andere durch »Bildung« am Erkenntnisgewinn dieser Aufklärung teilhaben lassen (»Multiplikator-Effekt«) und dadurch politisch relevante Gruppierungen schaffen, die als Subjekt einer internationalen Steuerung des ökonomischen und technischen Entwicklungsprozesses in Frage kommen.

Wir wollen hier keineswegs zur Kritik an der Aufklärung blasen. Auch der christliche Glaube verdankt der Aufklärung, hinter die wir nicht mehr zurückgehen können und wollen, manche Klarstellungen. Es muß auch gesehen werden, daß die Anwälte der »neuen Reformpolitik« nicht dem platten Aufklärungsoptimismus des 18. oder 19. Jahrhunderts das Wort reden, sondern durchaus auch eine »Aufklärung über die Folgen der Aufklärung« im Sinn haben.[7] Aber es ist doch festzuhalten, daß es hier um einen *dialektisch-vernunftgemäßen* Selbstrettungsversuch der Menschheit geht. Der Mensch sei völlig auf sich selbst geworfen, wird hier gesagt. Er könne sich deshalb auch nur selbst helfen, und zwar durch eine aufklärerische Selbstbefreiung von Unkenntnis, von blindem Eigennutz und von aggressivem Zerstörungswillen.

Vielleicht ist dies die einzige Hoffnung, die den in der Säkularisierungstradition stehenden Intellektuellen bleibt, nachdem sie den Sturz so vieler weltlicher Heilsbringer erlebt haben (der Arbeiterbewegung, dem Sowjetkommunismus, dem China Mao Tse Tungs, demnächst den Alternativ-Bewegungen?). Aber es ist nicht die Hoffnung der Christen! Sie glauben nicht an irgendeine »gütige Vorsehung«, sondern an den unverfügbaren *Gott*, der sich selbst als *Herr der Geschichte* bekundet und der in Jesus von Nazareth den Menschen auf eine einmalige Weise begegnet ist. Wir können von dieser Geschichtsherrschaft Gottes nur in der Form des Bekenntnisses reden, nicht in der Form wissenschaftlicher Theorien, die für irgend jemand eine zwingende Beweiskraft hätten. Wir müssen zugleich eingestehen, daß uns die Wege Gottes oft genug verborgen bleiben. Doch die christliche Gemeinde würde ihre Existenzgrundlage verlassen, wollte sie das Bekenntnis von der Geschichtsherrschaft Gottes verschweigen.

Glaube an den unverfügbaren Gott, der sich selbst als der Herr der Geschichte bekundet, und Vertrauen auf eine dialektisch-vernunftgemäße Selbstbefreiung der Menschheit: das sind völlig *unterschiedliche Begründungen* für reformerisches Handeln. Aus diesen unterschiedlichen Begründungen ergeben sich Konsequenzen. Die glaubende Gemeinde darf z. B. wissen, daß das Schicksal der Welt nicht von ihrer eigenen Aktivität oder der irgendeiner anderen Gruppe abhängt. Das verschafft ihr, wenn sie diese Wahrheit richtig versteht, keinen Freibrief für Passivität; dies ist gegen die Versuchung zu einem Kult der Innerlichkeit zu sagen. Es gibt ihr vielmehr bei aller Anspannung eine gelassene Ruhe, bei allem Engagement eine gewisse Distanz zur Politik; dies ist gegen die Versuchung zur Hybris und zur Resignation zu sagen. Die Gemeinde kann in diesem Glauben »beten, als ob alles Arbeiten nichts nütze und arbeiten, als ob alles Beten nichts nütze«, wie Luther es einmal ausgedrückt hat. Die Hoffnung auf den kommenden Herrn gibt ihr die Kraft für die unendlich mühsame Arbeit an der Verbesserung von »Strukturen«. Die Gewißheit, daß »Gott im Regiment« sitzt, auch wenn ihr das auf schmerzvolle

Weise verborgen bleibt, befreit sie zugleich von einer Verbissenheit und Verkrampfung, die oft genug bei denen zu beobachten ist, die alles von sich selber abhängen sehen. Die Gemeinde wird in diesem Glauben auch bewahrt vor der dumpfen Resignation, die unvermeidlicherweise dann eintritt, wenn der anmaßende Versuch der Selbsterlösung in seiner ganzen Kläglichkeit sichtbar wird.

Unterschiedliche Begründungen können zu weiteren Konsequenzen führen. So ist beispielsweise zu fragen, ob Christen alle *Ziele* unterschreiben können, die ihnen von einer bestimmten Reformideologie vorgegeben werden. Hier können *Trennungen* unvermeidlich sein. Im Blick auf die Entwicklungspolitik werden z. B. Christen manchmal andere Akzente setzen müssen als säkulare Reformer. Sie werden kein erstrebenswertes Ziel darin sehen, das areligiöse Technokratentum westlicher Prägung in die Dritte Welt zu verpflanzen, sondern sie werden die für alle Kulturen geltende Einheit von Glauben, Denken und Handeln im Blick behalten und an der Verkündigung der frohen Botschaft vom menschgewordenen Gottessohn als einem untrennbaren Bestandteil jeder echten Hilfe festhalten. Es war die äthiopische Mekane-Jesus-Kirche, die vor Jahren die Entwicklungshelfer westlicher Kirchen daran erinnert hat, daß die eigentliche Hilfe nicht technischer, sondern geistlicher Art ist!

Aus einer glaubensmäßigen Begründung reformerischen Handelns ergeben sich auch Konsequenzen für die Wahl der *Methoden*. Die Gemeinde wird den vorwurfsvollen, drängerischen, bedrohenden oder schmähenden Tonfall nicht übernehmen können, mit dem Reform-Anhänger oft über diejenigen reden, die sich nicht zur Unterstützung ihrer Ziele entschließen können. Dies gilt gerade dort, wo Christen von der Richtigkeit bestimmter Reformen zutiefst überzeugt sind. Wenn die Gemeinde die Verheißungen der Bergpredigt konsequent durchdenkt, so wird sie beispielsweise zu dem Schluß kommen, daß echte Abrüstungs-Initiativen dringend geboten sind. Aber weil die Jünger-Gemeinde weiß, daß Initiativen dieser Art notwendigerweise das eigene Risiko erhöhen und die bewußte Übernahme dieses Risikos starke seelische Kräfte erfordert, wird sie diejenigen nicht moralisch verurteilen, die ihren Weg nicht mitgehen können. Sie wird viel eher ihre Aufgabe darin sehen, durch die Verkündigung des Evangeliums dazu beizutragen, daß sich angsthafte Verkrampfungen lösen; daraus kann dann vielleicht auch auf der Ebene der Politik eine illusionslose Annäherung an eine biblisch verheißene Feindesliebe entstehen. Es könnte sein, daß die Gemeinde auf diese Weise, ohne daß sie dies unmittelbar gewollt hat, viel eher den Regeln und den Möglichkeiten einer demokratischen Reformpolitik gerecht wird, als eine Politik, die sich ständig selber im Wege steht, weil sie diejenigen verprellt und beleidigt, deren Unterstützung sie zu gewinnen sucht.

Daraus könnte der Schluß gezogen werden, christliche Verkündigung sei ein willkommenes Hilfsmittel, um die Realisierungschancen von Reformen zu verbessern. Ebenso wie im Falle der Inanspruchnahme durch den revolutionären Sozialismus und den kapitalistischen Liberalismus ginge es dann um den funktionalen Wert der christlichen Botschaft für eine bestimmte politische Konzeption. Es gibt manche Äußerungen von engagierten Reformern, die eine solche Erwartungshaltung gegenüber der christlichen Gemeinde andeuten. Aber ebenso wie im Falle sozialistischer oder kapitalistischer Ideologien gilt auch hier: die Erwartungen an die Gemeinde sind häufig selektiver Art; ganz bestimmte Eigenschaften sind willkommen, andere nicht. Die Gemeinde wird insofern geschätzt, als sie dazu beitragen kann, bestimmte Ziele zu verwirklichen. Sie wird aber in Frage gestellt, wo sie mit diesen Zielen nicht konform geht. Gesucht wird beispielsweise eine Kirche der »Solidarität und Variabilität«, von der gesagt werden kann: »Sie besteht nicht auf ihren Grenzen, sondern befolgt eine grenzenlose Offenheit, sie ist nicht an ihrer Identität interessiert, sondern fügt sich ‘selbstlos’ in die Welt ein.«[8] Gesucht wird eine neue Ethik, von der es heißt: sie »wird insofern eine christliche Ethik sein, als sie — direkt oder indirekt — die weitaus wichtigsten Impulse aus der Bibel erhalten hat und die Gestalt Jesu neu entdeckt. Aber gerade deshalb wird sie häufig eine bürgerliche Moral herausfordern, die sich für christlich hält.«[9]

Die Jünger-Gemeinde kann sich aufrichtig freuen, wenn die Gestalt Jesu auch außerhalb ihrer Kirchen neu entdeckt wird. Aber sie wird die Frage nicht unterschlagen dürfen, welche Geltung der zentralen biblischen Aussage zukommen soll, daß dieser Jesus für die Sünde der Welt gekreuzigt worden ist — einem Geschehen, das man völlig falsch verstehen würde, wollte man in ihm nur ein Symbol des opferbereiten Eintretens für eine gerechte Sache sehen. Fällt die *Botschaft von der Gerechtsprechung des Sünders* durch den Gekreuzigten unter das Urteil, ideologischer Restbestand einer bürgerlich verfaßten Kirche zu sein, nur in ihrem Symbolgehalt brauchbar für die neue Kirche der »grenzenlosen Offenheit«? Die Gemeinde sollte dankbar auf jede Offenheit für die christliche Botschaft eingehen, aber sie darf sich den Inhalt ihrer Botschaft von keinem anderen vorschreiben lassen als von ihrem Herrn.

Diese Botschaft kann unsere idealistischen Reformvorhaben ebenso in Frage stellen wie unsere Trägheit oder unser revolutionäres Engagement. Davon soll im folgenden Kapitel die Rede sein. Wir werden in diesem Zusammenhang auch über einige politische Konsequenzen des christlichen Glaubens sprechen.

5. Kapitel: Herausforderungen an die christliche Gemeinde

5.1 »Suchet den Herrn, dann werdet ihr leben!«

Im ersten Kapitel haben wir uns mit dem Propheten Amos beschäftigt. Beim ersten Hinhören klingt seine Botschaft revolutionär. Er scheint sich gut zu eignen für eine biblische Untermauerung moderner Gesellschaftskritik und für einen flammenden Protest gegen »ungerechte Strukturen«. Viele haben ihn so verstanden und aus seiner Botschaft die Ermutigung für gesellschaftspolitisches oder revolutionäres Handeln abgeleitet. Wir haben drei Entwürfe für ein solches Handeln kennengelernt. Es ist jetzt an der Zeit, eine *Bilanz* zu ziehen.

Ihr Ergebnis ist niederschmetternd. Die *marxistische Utopie* verspricht, was sie nicht einhalten kann. Übernimmt man aus ihr ein Rezept für politisches Handeln, dann führt dies zu einem autoritären, bürokratischen Regime, das die materiellen Bedürfnisse des »alten Menschen« so gut wie möglich erfüllen will und das um so inflexibler wird, je mehr es sich durch den Rückverweis auf die Utopie ein gutes Gewissen verschaffen kann. Setzt sich aber die autoritäre Führung über die Wünsche der Bevölkerung hinweg und richtet sie eine ökologische Erziehungsdiktatur ein, so folgen daraus Heuchelei und Unfreiheit. Es ist sehr unwahrscheinlich, daß in diesem Fall die erstrebte Alternativ-Kultur erreichbar ist. Die internationalen Beziehungen würden vermutlich zu einem Ventil für die aufgestauten nationalen Aggressionen werden. Großzügige Hilfe für die wirtschaftlich schwächeren Völker ist jedenfalls nicht zu erwarten.

Nicht geringer ist die Enttäuschung, die die *kapitalistische Utopie* hinterläßt. Sie verspricht den selbsttätigen Ausgleich egoistischer Einzelinteressen zu einem harmonischen Gesamtwohl. Aber ihre Anhänger übersehen, daß dies überhaupt nur zustande kommen kann, wenn die Ausgleichsmechanik der Einzelinteressen in einen Rahmen völlig anders gearteter Interessen eingeordnet ist und daß gerade dieser Rahmen durch die Dynamik der Einzel-Egoismen ständig bedroht wird. Das aus der kapitalistischen Utopie entnommene Rezept für politisches Handeln führt daher eher zu einem gnadenlosen Sozialdarwinismus als zu einem harmonischen Gemeinwohl.

Der *reformerische Weg* schließlich ist gepflastert mit Illusionen. Er setzt auf die dialektisch-vernunftgemäße Selbstbefreiung der mehr denn je zuvor. Aber die Wege der Eigenmächtigkeit versprechen keinen Ausweg mehr, denn es sind die Wege der Schuld. Je weiter wir darauf fortschreiten, umso mehr verstricken wir uns in Schuld. »Da ist keiner, der gerecht ist, auch nicht einer«, schreibt Paulus (Röm. 3, 9f.). Hier versagt unsere system-analytische Schlauheit, unser revolutionärer Kampfesmut, unsere technokratische Durchbrecher-Strategie, unser reformerischer Elan. Sie alle bieten keinen Fluchtweg mehr.

Wir haben uns daran gewöhnt, die christliche Botschaft vor allem als eine Botschaft der Ermutigung und der Hoffnung zu sehen. Damit stehen wir in der Gefahr, Gott zum Motor unserer selbsterdachten Dynamik zu machen. Es ist an der Zeit, auf eine ganz andere Seite der biblischen Botschaft zu hören, die uns mit großem Ernst davor warnt, Gott für unsere eigenen Pläne — auch die christlichen! — zu vereinnahmen: Wir haben wieder auf das Gerichtswort Gottes über eine selbstherrliche Welt zu hören. Wenn wir diesem Wort nicht standhalten, dann wird die christliche Hoffnungspredigt zur falschen Prophetie! (Vgl. Jer. 23, 9ff.).

Zu b) Die Schuldverfallenheit des ganzen Volkes

Amos läßt keinen Zweifel daran: das angekündigte Unheil trifft das *ganze Volk*. Wir lesen nichts von einem Strafgericht, das nur die Besitzenden träfe und das den Armen Befreiung brächte. Amos setzt nicht »den Reichen den roten Hahn aufs Dach«, wie Ernst Bloch meint.[2] Reiche wie Arme gehören gleichermaßen zur Unheilsgemeinschaft. Ja, auch die Natur wird an diesem Gericht teilhaben. »Solches hat Jahwe mich sehen lassen: sieh, da rief einer einen Feuerregen herbei und er fraß die große Grundflut . . . und er fraß das Ackerland« (Amos 7,4). Verbrannte Erde, Umweltkatastrophe, Versteppung von fruchtbarem Ackerboden: das alles ist Ausdruck der Gerichtsverfallenheit der Schöpfung um der Schuld des Menschen willen (vgl. Röm. 8,19ff.). Nur in Ansätzen werden bei Amos Differenzierungen erkennbar. Diejenigen, die an der »Spitze« der Gesellschaft stehen, werden an der »Spitze« der Marschkolonne gehen, die in die Verbannung zieht (Amos 5,7).

Diese Botschaft *durchkreuzt* unser *zeitkritisches Denken*. Wir suchen einzelne Schuldige für unsere Misere,[3] und wir meinen, mit ihrer Liquidierung hätten wir uns selbst gerettet. Amos ist hier moderner als viele, die sich auf ihn berufen. Er weiß etwas von der Schuldverfallenheit einer ganzen Gesellschaft, während viele seiner vermeintlichen Gefolgsleute heute meinen, ihre Hoffnung auf einen unverdorbenen Rest setzen zu können (die Arbeiterbewegung, »die Alternativen«, usw.). Ja, nicht einmal die Gemeinde ist dieser unverdorbene Rest (wir werden darauf noch zurückkommen). Sie hat ihre Kraft verloren, auch sie ist dem Gericht verfallen.

Versuchen wir einmal, uns dieser radikalen prophetischen Botschaft zu stellen. Was bedeutet es, daß eine *ganze Gesellschaft schuldig* ist, daß sich kein einzelner und keine Gruppe aus dieser Schuldverflechtung herauslösen kann? Was bedeutet es, daß Amos uns »Sünde in sozialer Dimension (zeigt), also 'Erb'-Sünde im eigentlichen Sinne: nicht biologisch als Erbfaktor naturhaft übernommen, sondern über Sprache, Lebensgewohnheiten, Denkstrukturen und Sozialisationsprozesse — also auf geschichtlichem Wege — zugeeignet; Sünde nicht als Einzelverfehlung, sondern als selbstverständlich 'internalisierte' Lebenshaltung?«[4]

Was dies bedeuten kann, soll an zwei Beispielen illustriert werden. Das erste *Beispiel* betrifft die multinationalen Konzerne, die von sozial-revolutionären Interpreten des Amos-Buches so gern als Inbegriff »struktureller Sünde« verstanden werden. Ein nicht geringer Teil der Aktien solcher Unternehmen liegt häufig im Besitz von sogenannten institutionellen Anlegern (z.B. Versicherungsgesellschaften), die wiederum die Spargelder von vielen »kleinen Leuten« verwalten. Sie alle profitieren davon, wenn diese multinationalen Unternehmen Gewinne machen, wie im übrigen natürlich auch die Arbeiter davon profitieren, daß ihre Unternehmen mit Gewinn arbeiten. Die verantwortlichen Manager kennen diese Interessen, und sie werden deshalb nur solche Investitionen durchführen, die zumindest langfristig gesehen rentabel sind. Unter diesen Gesichtspunkten werden auch Investitionen in Entwicklungsländern vorgenommen, nicht unter wohlfahrtspolitischen Aspekten. Bestehende soziale Ungleichheiten in diesen Ländern werden dadurch möglicherweise nicht beseitigt, sondern verschärft. »Strukturelle Sünde«! Man mag es so nennen, aber man muß wissen, daß Millionen »kleiner Leute« davon profitieren.

Nehmen wir ein *zweites Beispiel*. Die Regierung eines sozialistischen Landes kann an den Konsumbedürfnissen der Bevölkerung nicht vorbeigehen; sie kann der Bevölkerung auch nur begrenzte Arbeitslasten zumuten. Also muß sie sehen, wie sie vorhandene Bedürfnisse mit einem möglichst geringen Aufwand befriedigen kann. Eines der gewünschten Konsumgüter ist beispielsweise Kaffee. Die Regierung wird daher Kaffee zu möglichst niedrigen Preisen importieren und Industriegüter zu möglichst hohen Preisen exportieren wollen. Sie kann das um so eher tun, je abhängiger beispielsweise ein kaffeeproduzierendes Entwicklungsland von der Gruppe der sozialistischen Länder ist. Dann wird es nämlich einem sozialistischen Industrieland nicht sehr schwer fallen, im Handel mit diesem Entwicklungsland vergleichsweise günstige Preisverhältnisse (»Terms of Trade«) durchzusetzen. »Strukturelle Sünde«? Mit nicht weniger Recht als im vorangegangenen Beispiel könnte man dies so nennen, aber man muß wissen, daß auch hier Millionen »kleiner Leute« davon profitieren. (Das erwähnte Beispiel ist übrigens keineswegs erfunden. Im persönlichen Gespräch beklagen sich heute die Äthiopier bitter über die niedrigen Preise, zu denen sie Kaffee in die Ostblockländer exportieren müssen, und die hohen Preise, die sie für die von dort importierten Industriewaren (und Waffen) zu zahlen haben.)

Man könnte die Liste derartiger Beispiele beliebig fortsetzen. Nur angedeutet werden soll das vielfach verschlungene Geflecht von Korruption, Ausbeutung und Unterdrückung auf allen sozialen Ebenen, das wir vielfach in Entwicklungsländern vorfinden (vgl. dazu die im Abschnitt 1.1 genannten Fälle). Diese Beispiele zeigen, daß *Sünde* als *»strukturelles Phänomen«* sowohl den realen Kapitalismus als auch den realen Sozialismus auf allen Entwicklungsstufen kennzeichnet und daß *alle* unter diesen Systemen Lebenden in irgendeiner Weise daran partizipieren. Es wäre viel zu billig, und es würde die Tiefe der prophetischen Botschaft längst nicht ausloten, wollte man »strukturelle Sünde« durch strukturelle Reformen zu überwinden suchen. Solche Reformen können manche Verbesserungen bringen; an der grundsätzlichen Schuldverflochtenheit eigensüchtiger Menschen und der von ihnen geschaffenen Institutionen ändern sie nichts. Wie das vorangegangene Kapitel gezeigt hat, sind die unter der Bedingung dieser Schuldverflochtenheit realisierbaren Reformen auch längst nicht ausreichend, die drohenden Verhängnisse abzuwenden. Es sind die vielen kleinen, liebgewordenen Gewohnheiten, die zur Selbstverständlichkeit geronnenen Verhaltensweisen, die »gesunden« Eigeninteressen des »kleinen Mannes«, die sich zu ungerechten Strukturen addieren. Die Gesamtheit aller dieser Gewohnheiten, Interessen, Institutionen, Rechtsgebräuche, Machtverhältnisse usw. hat sich zu dem Zustand verdichtet, mit dem wir es heute zu tun haben: dem Zustand der Ausweglosigkeit durch Schuld. Alle partizipieren daran, sagt Amos. »Da ist keiner, der gerecht ist; auch nicht einer«, verdeutlicht Paulus (Röm. 3, 9ff.).

Nur wenn wir es in dieser Radikalität sehen, können wir auch von *konkreten Einzelformen* der Schuld reden. Amos hatte z.B. den Mißbrauch der Schuldsklaverei im Auge, deren Dauer auf sechs Jahre beschränkt bleiben sollte (vgl. Ex. 21, 2ff.), aber durch allerhand Tricks verlängert wurde (vgl. Amos 2, 6-7); er dachte an die unlautere Geschäftspraxis der Händler (Amos 8, 5ff.) oder an die Rechtsbeugung durch die Geschworenen im Tor (d. h. der Gerichtsstätte) (Amos 5, 12). Hier lagen also Verstöße gegen Geist und Buchstaben des alten Bundesrechtes vor.

Wir haben heute eine andere Rechtsordnung, und man wird sie nicht unmittelbar am mosaischen Gesetz messen können. Aber bestimmte *Verstöße* gegen die *geltende Ordnung* verletzen das Rechtsempfinden heute ebenso wie damals. Dies ist etwa dort der Fall, wo das für alle in gleicher Weise geltende Recht durch den wirtschaftlich oder politisch Stärkeren zum Nachteil des Schwächeren gebrochen wird (vgl. Amos 5, 7.10.12). Moderne Illustrationen dazu gibt es genügend. Wir haben im Abschnitt 3.2 einige davon erwähnt. Die Reihe der dort genannten Beispiele kann ergänzt werden durch einen Hinweis auf die weit verbreitete Bestechungspraxis im Außenhandel mit Entwicklungsländern. Kaum ein Auftrag, der nicht »geschmiert« wird! Während der Regierungszeit Carters gab es in den USA eine Reihe von aufsehenerregenden Gerichtsverfahren wegen derartiger Schmiergeld-Affären und einige hoffnungsvolle Ansätze der dortigen Industrieverbände, diesen Sumpf auszutrocknen. Es sollte uns Deutsche, die wir uns so gern im Gefühl einer moralischen Überlegenheit gegenüber dem »kapitalistischen Mutterland« sonnen, zu denken geben, daß derartige Versuche bei uns gar nicht erst in Erwägung gezogen wurden und daß die Amerikaner den Gipfel der Heuchelei darin sehen, daß in der Bundesrepublik solche Schmiergelder bei der Steuerzahlung abzugsfähig sind und damit den Anstrich der Legalität erhalten! Wozu die Bestechungspraxis im Handel mit Entwicklungsländern führen kann, hat vor einigen Jahren der Fall eines zentralamerikanischen Landes gezeigt. Dort sollte eine vergleichsweise geringfügige Steuer auf den Export von Bananen eingeführt werden. Mit den Steuererträgen wollte die Regierung bestimmte Sozialaufgaben finanzieren. Die multinationalen Bananen-Vertriebsgesellschaften erreichten es durch Bestechung der Regierungsbeamten und der Politiker, daß diese Steuer wieder zurückgenommen wurde. »Weh denen, die Recht in Wermut verwandeln, ... die Bestechungsgeld annehmen und den Bedürftigen im Tor abweisen«, sagt Amos (Amos 5, 7.12).

Zu c) Die Fremdgötterei

Soziale Ungerechtigkeit und mißbräuchliche Rechtspraxis sind nur eine Seite der Schuld vor Gott. Eine andere Seite ist die der Verehrung fremder Gottheiten. Israel hat zur Zeit des Amos neben Jahwe auch die lokalen Gottheiten verschiedener Heiligtümer verehrt. Man hat in ihrem Namen geschworen und sich damit zu ihrer Macht und ihrem Recht bekannt (Amos 8, 14). Die *Ausschließlichkeit Gottes,* seine Unvergleichlichkeit und damit das strenge Bildverbot des mosaischen Gesetzes wurden dadurch *mißachtet.* Doch »Jahwe, der (Bundes-)Partner Israels kann auf diese einseitige Kündigung des Gemeinschaftsverhältnisses hin nicht stumm bleiben. Israel verliert mit dem Bruch der Vereinbarung seine Identität — Grund genug für die Strafe.«[5]

Die Identität der heutigen Völker ist nicht auf einen Bundesschluß Gottes gegründet, wie dies für Israel galt (und noch immer gilt). Wir sollten uns aber fragen, ob nicht auch in der Gegenwart die tiefste Wurzel unserer Ausweglosigkeiten in einer *sublimen Form* der *Fremdgötterei* zu sehen ist. Da gibt es ein nahezu grenzenloses Vertrauen auf die schöpferische Macht des Revolutionärs, die »invisible hand« der Marktgesetze oder die dialektisch-vernunftgemäße Selbstbefreiung des Menschen durch fortschreitende Aufklärung. Gerade durch diese utopische Überhöhung nehmen wir der revolutionären Änderung, den Marktgesetzen oder der vernunftgemäßen Aufklärung ihr jeweils begrenztes Recht. Indem wir zuviel von ihnen erwarten, mißbrauchen wir sie, so daß sie uns das, was sie leisten können, nicht mehr erbringen. Aus der revolutionären Veränderung wird die Inflexibilität eines autoritären und konservativen Systems, aus der Wirksamkeit von Märkten wird ein gnadenloser Sozialdarwinismus, aus der Betätigung der Vernunft wird die Intoleranz intellektueller Reformer. Wir machen uns Idole (= »Bilder«) zurecht und glauben an sie; daraus werden dann unsere »Ideologien«. Wie revolutionär ist immer noch die Botschaft Gottes, der sich Mose zu erkennen gibt als der »Ich bin, der Ich bin« (Ex. 3, 14), als der schlechthin Unvergleichliche, der sich nicht durch menschliche Bilder oder Vergleiche einfangen und nicht durch philosophische oder theologische Begriffe definieren läßt.

Die Verurteilung des Götzendienstes gilt aber vor allen anderen der *Gemeinde.* Amos bezieht das gottesdienstliche Leben ausdrücklich in seine Gerichtspredigt ein. Unglaublich schroff ist seine Rede: »So spricht Jahwe: Ich hasse, ich verwerfe eure Feste. Ich mag eure Festversammlungen nicht riechen. Denn wenn ihr mir Brandopfer darbringt, so habe ich kein Wohlgefallen an euren Gaben, und auf das Opfer eurer Mastkälber schaue ich nicht. Haltet mir fern das Geplärr eurer Lieder, und das Gezupfe eurer Harfen mag ich nicht hören« (Amos 5, 21f.). Er geißelt eine gottesdienstliche Praxis, die gerade darin Gott mißachtet, daß sie zur kultischen Zierart eines autonomen Lebens wird. »Jahwe wurde auf den gottesdienstlichen Raum begrenzt und dort bestens bedient... aber in die 'Notwendigkeiten des täglichen Lebens' hatte er nicht dreinzureden.«[6] Gott wird verinnerlicht, zurechtgemacht für den Kultgebrauch, in die eigenen frommen Pläne eingeordnet und damit vergötzt.

Die *aktuellen Vergleiche* drängen sich geradezu auf. Hier ist nicht nur an das reiche kirchenmusikalische Repertoire einer geistlich toten Gemeinde zu denken. Nicht nur die rege Betriebsamkeit einer Kirche ist gemeint, die nichts mehr zu sagen hat, weil sie das Wort Gottes nicht mehr gegen sich gelten und sich deshalb nicht mehr zur Umkehr rufen läßt. Unter das Wort des Amos fällt auch eine Frömmigkeit, die die Welt sich selbst überläßt und nur noch das individuelle Heil pflegt. Und was würde Amos wohl zum spröden Gesang unserer gemeindeeigenen Protestgruppen sagen, die die biblische Botschaft auf das Maß des gesellschaftskritisch Verwertbaren zurechtstutzen? Wie sähe wohl sein Urteil über die rauschenden Feste unserer Kirchentage aus? Inwieweit sind diejenigen, die sich an der »liturgischen Nacht« begeistern, dazu bereit, ihre Lebenspraxis unter den Willen des Auferstandenen zu stellen? Ist nicht auch die Christenheit am Glauben vor allem deshalb interessiert, weil er für die Befriedigung bestimmter psychischer Bedürfnisse brauchbar und für diese oder jene Sache verwertbar ist?

In dem vorangegangenen Kapitel haben wir verschiedene Verwertungsangebote kennengelernt. Hier wird christlicher Glaube gefragt, um dem Sozialismus ein menschliches Gesicht zu geben, dort, um den kapitalistischen Geist neu zu beleben oder den Boden für bestimmte Reformen aufzubereiten. Stets geht es darum, den Glauben verwertbar zu machen für menschliche Ziele. Nicht selten geht die Kirche auf diese Angebote sehr bereitwillig ein. Sie beeilt sich, den erfragten Beitrag zu erbringen, und es fällt ihr auch gar nicht schwer, die dabei eintretende Verkürzung ihrer Botschaft mit den besonderen Notwendigkeiten der jeweiligen Situation zu rechtfertigen. So meinte etwa die Sektion II der Weltmissions-Konferenz in Bangkok, das Heil Gottes müsse dort, wo die materielle Not vordringlich sei, vor allem in seiner »sozialen Dimension« sichtbar gemacht werden und dies rechtfertige es, die Verkündigung vorübergehend hinter die reformerische Aktivität der Gemeinde zurückzustellen.[7] Die Botschaft des Gekreuzigten wird damit sehr gedankenreich bestimmten Verwertungsmöglichkeiten angepaßt. Man merkt dabei nicht einmal, wie oberflächlich die politischen Konzepte sind, zu deren Gunsten solche Anpassungen vorgenommen werden. Wenn man der Entwicklungsproblematik auf den Grund gehen will, dann drängt sich nämlich immer mehr der Eindruck auf, daß die entscheidenden Änderungen zur Überwindung der sozialen Not »in den Herzen und Sinnen der Menschen ihren Anfang nehmen müssen« (so schreibt ein Beobachter Indiens).[8] Welchen Sinn kann es dann eigentlich noch haben, vorübergehend auf die missionarische Verkündigung zu verzichten und sich ausschließlich auf die reformerische Arbeit zu konzentrieren? Dieses Beispiel macht deutlich, daß die Gemeinde auf Abwege gerät, wenn sie die Warnung vor einer Inanspruchnahme Gottes für menschliche Zwecke nicht ganz ernst nimmt.

Zu d) Die Halbherzigkeit der Umkehr

Viele politisch engagierte Christen sehen in ihrem Eintreten für eine gerechte Sozialordnung eine Rückkehr zur ursprünglichen, weltverändernden Dynamik christlichen Glaubens, von der sie meinen, sie sei während der langen »konstantinischen Ära« der Kirche verschüttet worden.[9] Eine Umkehr in der Gemeinde ist in der Tat notwendig. Aber Umkehr wohin? »Ihr seid nicht bis zu *mir* hin *zurückgekehrt,* spricht Jahwe«, so lesen wir bei Amos (Amos 4, 6ff.). Israel wurde gewarnt: durch Prophetenwort, Naturkatastrophen, Epidemien und militärische Niederlagen. Wie auch immer seine Reaktion darauf ausgesehen haben mag, sie blieb eine halbe Sache. Sie führte nicht zurück zu Jahwe selbst, dem Befreier vom ägyptischen Joch und dem Urheber des Bundesrechtes. Es war eine Umkehr zu selbst erdachten Anfängen. Deshalb boten alle diese Kehrtwendungen letztlich keinen Ausweg aus dem Zirkel von Ungerechtigkeit, Gewalt und Schuld.

Dieses Wort sollte uns nachdenklich machen. Alle Welt redet heute von der Notwendigkeit einer *Umkehr.* Von einer »tiefgreifenden Veränderung unseres politischen Bewußtseins und unserer Wertvorstellungen« ist die Rede,[10] vom »Aufkommen eines neuen sittlichen Bewußtseins«, das »nur insofern neu sein (wird), als darin Altes, Verschüttetes wieder lebendig wird«,[11] von »großen Anforderungen an die Moral der Menschen und ihre Solidarität«,[12] von der Rückkehr zu subsistenz-wirtschaftlichen Lebensformen und einem teilweisen Verzicht auf eine arbeitsteilige Produktion,[13] von der »Kehre« in unserem Denken, durch die wir offen werden für die Rettung, die uns vom »Seinsgeschick« her zugesprochen werden kann.[14] Die Kirche selbst will die Kraft der Urgemeinden neu beleben, und sie besinnt sich auf ihr revolutionäres Erbe. Steht auch über allen diesen gut gemeinten Versuchen: »... doch bis zu *mir* hin seid ihr nicht zurückgekehrt«? Suchen wir uns damit letztlich selbst, die verschütteten Kräfte unserer eigenen Seele, die wertvollen Elemente unserer eigenen Tradition? Dann wären alle diese Kehrtwendungen vergeblich.

Zu e) Die allein Leben verheißende Suche nach Gott

Amos kennt nur einen Weg zum Leben: »So hat Jahwe gesagt für das Haus Israel: Suchet mich! Dann lebt ihr.« (Amos 5, 4). Die Schüler des Propheten nehmen diesen Satz auf: »Suchet das Gute und nicht das Böse, damit ihr am Leben bleibt« (Amos 5, 14). Das Gute suchen, Rechtspraxis und Wirtschaftsleben wieder auf eine gesunde Grundlage stellen, das ist untrennbar verbunden mit der *Suche* nach *Jahwe selbst*. Die Beziehungen zwischen den Menschen kommen nur dann wieder in Ordnung, wenn die Beziehung zu Gott erneuert wird. Menschenwürdiges Leben ist nur möglich durch die Hinwendung zum Schöpfer des Lebens. Der tödliche Zirkel von Unrecht, Gewalt und Schuld kann nur durch die Umkehr zu dem durchbrochen werden, der alle unsere Schuld auf sich genommen hat. Bis zu ihm hin muß unsere Umkehr gehen, sonst bleibt sie eine halbe Sache. Dies ist die eine Botschaft, die die christliche Gemeinde vor allem anderen weiterzugeben hat. Bei jeder anderen Aufgabe ist die Gemeinde ersetzbar, bei der Weitergabe dieser Botschaft nicht.

Umkehren in diesem *radikalen Sinne* bedeutet, die eigene Schuld nicht mehr abzuschieben (z.B. »auf die Strukturen« oder auf »das System«), sondern sich zu ihr zu bekennen. Umkehr bedeutet, den Zuspruch der Sündenvergebung durch den gekreuzigten und auferweckten Christus anzunehmen. Umkehren heißt, sich von Christus in seine Nachfolge rufen zu lassen. Damit wird das Leben des einzelnen verwandelt (so tiefgreifend, daß die Bibel von einer »neuen Geburt« sprechen kann; Joh. 3, 4). So wahr dieser einzelne Glied einer Familie, Bürger einer Kommune und eines Staates, Mitarbeiter in einer Fabrik, Käufer von Konsumgütern usw. ist, so wahr wird sich eine solche Umwandlung auch auf alle diese sozialen, politischen und ökonomischen Beziehungen auswirken müssen. Insofern hat die Umkehr zum allein lebenschaffenden Gott viele praktische Schritte im persönlichen, familiären, gesellschaftlichen und politischen Leben zur Folge.

Über eine Reihe solcher *Schritte* ist im Folgenden zu reden. Man wird es manchen dieser Schritte in der Praxis nicht ansehen, aus welchen Beweggründen sie erfolgen. Anders motivierte Menschen können oft zu Weggenossen werden, wenn Christen diese Schritte unternehmen. Nicht das, was getan wird, sondern warum etwas getan wird, macht in vielen Fällen das Charakteristikum christlichen Handelns aus. Dieses Handeln ist vor allen Dingen auf Gott ausgerichtet, es ist »Gottes-Dienst«. (In diesem Sinne meinte Luther, es könne ein »Gottes-Dienst« sein, wenn die Magd mit ihrem Besen eine Stube fege.) Die Ausrichtung auf Gott bedeutet, daß Glaubende bei aller Vertiefung in politische oder wirtschaftliche Aktivitäten eine innere Distanz zu diesen Aufgaben bewahren werden. Es wird ihnen deshalb möglich sein, auch dann einen Sinn in solchen Aktivitäten zu erkennen, wenn ihnen darin der sichtbare Erfolg versagt bleibt und wenn dabei nichts Großes in Bewegung gerät.

Was damit gemeint ist, kann besonders deutlich am Leben der *Mutter Teresa* illustriert werden.[15] Was ist das schon, Sterbende aus dem Straßendreck Kalkuttas aufzulesen und ihnen in den letzten Stunden ihres Lebens eine liebevolle Geborgenheit zu schenken? Wird dadurch auch nur ein einziger »produktiver« Arbeitsplatz geschaffen? Ändert dies etwas an der unbeschreiblichen Armut dieser Millionenstadt? Ist das nicht noch weniger als ein »Tropfen auf den heißen Stein«? Gemessen an den üblichen Kriterien für erfolgreiche Entwicklungshilfe ist die Arbeit dieser »Mutter der Armen« in der Tat sinnlos. Aber diese Frau ist nicht vom Erfolg ihres Handelns her motiviert, sondern von der Liebe zu Christus und von der Liebe zu den Ärmsten. Deshalb handelt sie mit unerschütterlicher Gewißheit. — Für alle, die den bohrenden Zweifel nicht unterdrücken können, ob das nicht doch zu wenig sei, kann darauf hingewiesen werden, daß gerade dieses scheinbare weltabgewandte Handeln unzählige Menschen ins Nachdenken gebracht hat. Im Lichte dieses Beispiels wurden ihnen ihre eigenen Erfolgskriterien plötzlich fraglich. Kein Mensch wird sagen können, wie viele Verhaltensweisen dadurch verändert worden sind, die sich bis in ökonomische und politische Entscheidungen hinein ausgewirkt haben. Die wirksamsten Veränderungen sind oft diejenigen, die sich im Verborgenen vollziehen. Hin und wieder lassen allerdings einige Zeichen erkennen, daß der Stein, der hier ins Wasser geworfen wurde, sehr weite Wellen geschlagen hat (politische Feierstunden in Europa werden — angeregt durch das Beispiel der Mutter Teresa — zur entwicklungspolitischen Bewußtseinsbildung umfunktioniert, junge Menschen ändern ihre Berufswahl, es werden echte finanzielle Opfer gebracht usw.). Was wir brauchen, sind mehr Christen, die nach dem Vorbild dieser Frau in ihrer jeweiligen Funktion als Wähler, Politiker, als Unternehmer, Gewerkschaftsfunktionär, Arbeiter, Konsument usw. nach den Prioritäten Gottes fragen und dadurch auf ähnliche Weise in Distanz zu herkömmlichen Erfolgsmaßstäben geraten. Gerade dadurch werden die nachhaltigsten Veränderungen ausgelöst, auch solche struktureller Art, die natürlich nicht anders als durch menschliches Handeln ins Werk gesetzt werden können.

5.2 Praktische Schritte

Kommen wir zurück zu der Frage nach den praktischen Schritten. Paulus stellt die Schritte der Christusnachfolge unter folgenden Leitsatz: »Gebet eure Leiber zu einem *lebendigen,* Gott wohlgefälligen *Opfer;* das sei euer vernünftiger Gottesdienst. Und stellt euch nicht dem Schema dieser Welt gleich, sondern verändert euch durch die Erneuerung eures Sinnes, damit ihr zu prüfen vermögt, was Gottes Wille ist: das Gute und das Wohlgefällige und Vollkommene« (Röm. 12, 1-2). Das ganze Leben soll auf den Schöpfer und Erhalter des Lebens ausgerichtet sein. Er soll Herr über unsere Wertmaßstäbe und Verhaltensgrundsätze werden.

Fragen wir nach diesen *Maßstäben* und Grundsätzen, dann werden wir in erster Linie auf den Reichtum alt- und neutestamentlicher Überlieferung hingewiesen. Sie gibt uns Richtlinien, die wir im Blick auf die besonderen Gefährdungen und Herausforderungen der Gegenwart neu zu durchdenken haben. In aller Kürze lassen sich dabei folgende Richtlinien nennen:[1]

— Christen sind zur Haushalterschaft über die Schöpfung und ihre Gaben aufgerufen;
— sie sind zur Verkündigung des Evangeliums beauftragt;
— sie sind verantwortlich für den bedürftigen Bruder.

Was heißt das im Einzelnen? Es sei versucht, das an einer Reihe von Beispielen zu verdeutlichen und dabei auf folgende Verantwortungsbereiche einzugehen:

a) das persönliche und familiäre Leben sowie die Gemeinde,
b) die Wirtschaft und die Politik.

Zu a) Der Verantwortungsbereich des persönlichen Lebens sowie der Gemeinde

Ein Leben in der *Haushalterschaft* über *persönliche Gaben* ist heute besonders durch die gängigen Erfolgsmaßstäbe der Leistungsgesellschaft herausgefordert. Diese Herausforderung läßt sich nicht beseitigen; in unserer unvollkommenen Welt ist eine Wirtschaftsform unverzichtbar, die Leistungen durch materielle Anreize motiviert, und eine Steuerung der Produktion durch marktwirtschaftlichen Wettbewerb ist aus vielen Gründen konkurrierenden Steuerungsprinzipien überlegen (vgl. dazu S. 74) — was nicht bedeuten soll, daß im Einzelfall nicht erhebliche Verbesserungen an der marktwirtschaftlichen Ordnung notwendig sein können (vgl. dazu S. 122ff.). Folgen wir dem paulinischen Aufruf und entziehen wir uns der uneingeschränkten Herrschaft des wirtschaftlichen Erfolgsdenkens über unseren persönlichen Lebensbereich — was übrigens gerade eine Bedingung für das Funktionieren einer Marktwirtschaft ist! (vgl. S. 67) —, so kann dies etwa folgende Konsequenzen haben.[2] Der Umgang mit der eigenen Arbeitskraft wird nicht mehr ausschließlich durch Karriere-Gesichtspunkte und Verdienstmöglichkeiten bestimmt. Welches Maß an Verantwortung und welche Höhe des Einkommens erreicht werden sollen, wird vielmehr vom Gedanken der Haushalterschaft her durchdacht werden müssen. Es kann sein, daß der eine zu einer konzentrierteren Arbeit und zu größerer Eigeninitiative ermuntert werden muß; zur Haushalterschaft gehört die aktive Betätigung der Gaben und ganz sicher nicht das bequeme Nichtstun. Ein anderer ist vielleicht zum »Haushalten« mit seinen Kräften aufgerufen. Er hat vor Gott zu prüfen, ob er nicht etwa seiner Familie mehr Zeit widmen sollte, ob nicht die Erziehung der Kinder zu kurz kommt, ob nicht die aktive Teilnahme am Gemeindeleben vernachlässigt wird oder ob er das Gebot der Feiertagsheiligung ernst nimmt.

In diesem Zusammenhang ist auf einen Gedanken einzugehen, der bereits an einer früheren Stelle erwähnt worden ist. Innerhalb unserer Gesellschaft gibt es erhebliche Einkommensunterschiede. Die Reformpolitik hat sich zum Ziel gesetzt, diese Unterschiede zu verringern. Wer von seiner Verantwortung für die Bedürftigen ausgeht, wird als Christ dieses Ziel in vielen Fällen bejahen können. Es kann auf politischem Wege erreicht werden, wenn die Politiker dafür ein Mandat bekommen und wenn die Gutverdienenden eine solche Politik mittragen. Doch häufig hört man gerade von den Leistungsstarken und Gutverdienenden das Argument, eine höhere Steuerbelastung nehme ihnen jeden Leistungsanreiz. Können Christen, die ihre *Arbeitsleistung* unter dem Zeichen der *Haushalterschaft* sehen, so reden? Ist das Maß ihrer Leistung nur abhängig von der Höhe des erzielbaren Einkommens? Sollten nicht Christen auch andere Leistungsmotivationen kennen und deshalb eher dazu bereit sein, sozialpolitische Maßnahmen durch die Übernahme einer höheren Steuerlast zu unterstützen? Man kann dies natürlich nur sagen, wenn man gleichzeitig darauf hinweist, daß der Staat für eine gewissenhafte Verwendung der Steuermittel zu sorgen hat und daß eine christliche Verantwortung auch darin besteht, die unnötige Inanspruchnahme staatlicher Leistungen zu vermeiden.

Die persönliche Haushalterschaft erstreckt sich auch auf die Verwendung des Einkommens. Welchen häuslichen Aufwand treiben wir? Ist unser Wohnungsstil, unser Aufwand für Urlaubsreisen und Freizeitgestaltung, sind unsere Eßgewohnheiten zu vereinbaren mit ernstgenommener Haushalterschaft über knappe natürliche Ressourcen und mit der Verantwortung für die Bedürftigen? Wieweit christlicher Glaube in das Leben integriert ist, zeigt sich nicht zuletzt an den kleinsten Dingen des Alltags. Wie hoch ist beispielsweise unser Energieverbrauch? Wie haushälterisch gehen wir mit Papier und Nahrungsmitteln um? Müssen wir uns jeden elektronischen Schnickschnack leisten, der gerade auf den Markt kommt? Natürlich gibt es keine Norm für »den christlichen Lebensstil«.[3] Aber es gibt zahlreiche ernsthafte Fragen an die Vertretbarkeit unserer Lebensgewohnheiten angesichts einer zunehmenden Umweltbelastung und angesichts großer materieller Not in weiten Teilen der Welt.

Lassen wir biblische Maßstäbe für unseren Lebensstil gelten, so kann er auch zum Hinweis auf das Ziel unseres Lebens werden. Doch das »Zeugnis der Tat« bleibt oft zweideutig ohne das »Zeugnis des Wortes«. Deshalb gehört die *Verkündigung* der biblischen Botschaft untrennbar zum Leben des Christen. Sie hat ihren Platz in persönlichen Gesprächen, in Hauskreisen, Gemeindeveranstaltungen und anderen Formen der Begegnung. Ohne eine mühevolle Übersetzungsarbeit geht es dabei oft nicht ab. Die frohe Botschaft vom heilbringenden Handeln Gottes ist in die Sprache von Menschen zu übersetzen, die der kirchlichen Tradition oft völlig entfremdet sind. Dies erfordert Zeit, Mitdenken, Eingehen auf die Interessen und Fragen von Mitmenschen, und vor allem Fürbitte. Wenn wir den Verkündigungsauftrag als eine Richtschnur für unser Leben ernst nehmen, dann werden wir sehr bald feststellen, daß Christsein in geistliche Kämpfe führt und daß es bei unverbindlichen Ratschlägen nicht bleiben kann.

Ein Lebensstil, der dem Gedanken der Haushalterschaft entspricht, wird uns vielleicht in die Lage versetzen, auch mehr als bisher für die *notleidenden Brüder* zu tun, für die wir als Christen verantwortlich sind. Dabei haben wir im Blick zu behalten, daß das Wort »Bruder« in der Bibel nicht nur für den Glaubensbruder reserviert ist. Jesus Christus wird allen Menschen zum Bruder, und er hat allen den Vater offenbart.[4] Wer die Botschaft Jesu gehört hat, ist deshalb zur besonderen Verantwortung für den notleidenden Menschenbruder aufgerufen, in dem uns Jesus Christus selbst begegnet (Mt. 25, 31ff.).

Das Wort »Bruder« weist uns zugleich auf die *menschliche Ebene* hin, um die es bei jeder echten *Hilfe* geht. Es ist eben nicht damit getan, daß wir per Dauerauftrag einen bestimmten Betrag an diakonische Einrichtungen überweisen lassen. Viel Vertrauen und Selbstachtung kann durch anonyme Formen der Hilfe zerstört werden. Gefordert ist eine liebevolle Zuwendung zum Notleidenden. Das kann bedeuten, daß wir uns erst einmal nach dem Los von kranken und leidenden Menschen erkundigen. Die sog. »Londoner Erklärung« einer Gruppe von evangelikalen Christen sieht das sehr deutlich: »Wir entschließen uns, arme, unterdrückte Menschen kennenzulernen, um von ihnen zu erfahren, wie sich Ungerechtigkeiten auswirken, um Erleichterungen für ihre Leiden zu finden und sie in unsere Gebete regelmäßig einzubeziehen.«[5] Wer von uns weiß beispielsweise, wie eine türkische Gastarbeiterfamilie lebt? Wer hat erfahren, wie demütigend manchmal Gastarbeiter von Vermietern und Behörden behandelt werden? Wer kennt die Atmosphäre in einem Heim für Behinderte oder für Pflegefälle? Können wir uns eine Vorstellung machen vom Leben eines Sozialhilfeempfängers? Dies sind nicht gerade diejenigen Gesellschaftskreise, auf deren Bekanntschaft wir großen Wert legen. »Ihr habt mich nicht besucht...«, spricht der richtende Menschensohn (Mt. 25). Nicht in erster Linie unser Geld, sondern unsere menschliche Zuwendung ist gefragt.

Dasselbe trifft auch auf die *Hilfe* für notleidende Menschen in *Entwicklungsländern* zu. Oft wissen wir zu wenig über ihre tatsächliche Situation. Man hat deshalb vorgeschlagen, ein Netz von Beziehungen zwischen Einzelpersonen und Gemeinden bei uns und in der Dritten Welt zu schaffen, damit uns die dortigen Bedürfnisse deutlicher vor Augen treten.[6] Ein naheliegender Ort für die Vermittlung solcher Informationen sind Gemeinden und Missionsgesellschaften. Sie könnten uns die Erfahrung vermitteln, daß wir bei einer solchen Beziehung keineswegs nur die Gebenden wären, sondern sehr viel lernen könnten. Wenn die Menschen in Afrika, Lateinamerika und Asien unsere materielle Hilfe benötigen, so benötigen wir nicht minder ihre geistliche Hilfe. Materielle Hilfe, die in einen echten Austausch einbezogen ist, kann auch eher als die anonyme Hilfe über bürokratische Apparate zur Eigeninitiative anregen, worauf es ganz entscheidend bei jeder Entwicklungshilfe ankommt. Eingebettet in den umfassenden Sendungsauftrag der Gemeinde, bietet die materielle Hilfe auch eine sinnvolle Ergänzung zur missionarischen Verkündigung, die nach vielen Erfahrungen gerade dort zu Veränderungen führt, wo die eigentlich entwicklungsrelevanten Entscheidungen fallen, nämlich »in den Herzen und Sinnen der Menschen« (vgl. Anmerkung 8, S. 115).

Zu b) Der Verantwortungsbereich von Wirtschaft und Politik

Entstehen durch eine größere Zurückhaltung bei eigenen Anschaffungen und durch höhere finanzielle Leistungen für Entwicklungsländer nicht Probleme für unsere eigene Wirtschaft? Vermindert sich dadurch nicht die kaufkräftige Nachfrage im Inland, kann dies nicht zu Absatzkrisen und zur Beschäftigungslosigkeit führen? Fragen dieser Art werden häufig gestellt. Die Antwort lautet: *Strukturelle Änderungen* in unserer *Wirtschaft* herbeizuführen ist ja gerade eines der Ziele von Verhaltensänderungen! Wenn sich also die auf persönlicher Ebene getroffenen Entscheidungen auf den volkswirtschaftlichen

Kreislauf auswirken sollten, dann umso besser. Natürlich ist keine strukturelle Änderung problemlos. Sie erfordert Produktionsumstellungen, die Schaffung neuer Arbeitsplätze, Umschulungen usw. Es kann sein, daß für den Verlust von Arbeitsplätzen in bestimmten Zweigen der Konsumgüterindustrie neue Arbeitsplätze geschaffen werden müssen. Möglichkeiten dafür gibt es genug, sie müssen nur aufgespürt werden (z. B. bei der Durchführung von Energiesparmaßnahmen, beim Umweltschutz, aber auch beim Export von Erzeugnissen, die die Entwicklungsländer brauchen können). Was wäre eigentlich einzuwenden gegen einen Strukturwandel, der Techniker und Arbeiter aus der Produktion von Farbfernsehgeräten und Videorecordern freisetzt, die Nachfrage nach qualifizierten Arbeitskräften beim Bau von Sonnenkollektoren oder sonnengetriebenen Bewässerungspumpen für Entwicklungsländer aber erhöht? Natürlich müßten die Arbeitskräfte durch die Bereitschaft zum Umlernen ihren Teil zur Bewältigung dieses Strukturwandels beitragen. Der Staat könnte u. U. bestimmte Anpassungshilfen gewähren, aber die Initiative des einzelnen dabei nicht ersetzen. Und was wäre eigentlich einzuwenden gegen insgesamt niedrigere Zuwachsraten in einigen Teilen unserer Wirtschaft? Ist es nicht das Ziel vieler Reformen, die wirtschaftliche Expansion in ruhigere Bahnen zu lenken? Die sich daraus ergebenden Umstellungsprobleme zu lösen ist sicher lohnenswerter, als die Probleme anzugehen, die sich aus einer Überstrapazierung des Menschen und einer Überbeanspruchung der Natur durch anhaltend hohe Expansionsraten ergeben.

Dem Christentum ist vorgeworfen worden, es könne gar keinen Beitrag zu einer die Natur schonenden Wirtschaftsweise leisten, weil es von seinem Ansatz her auf Naturbeherrschung und Expansion ausgerichtet sei.[7] Dieser Vorwurf beruht auf einer sehr eigenwilligen Interpretation biblischer Schriften. Wahr daran ist, daß die christliche Kirche insbesondere in den Geburtsjahren der kapitalistischen Entwicklung allzu leichtfertig den damals aufkommenden wirtschaftlichen Expansionsdrang theologisch rechtfertigte, ja sogar als Erfüllung des christlichen Sendungsauftrags ausdrücklich begrüßte.[8] Hier haben frühere Generationen von Christen in einer bereitwilligen Anpassung der christlichen Botschaft an bestimmte Verwertungsangebote Schuld auf sich geladen, an der wir heute noch zu tragen haben. Wahr ist aber auch, daß wir diese Schuld nicht dadurch abtragen, daß wir im eifrigen Bemühen, die Fehler der Vergangenheit zu vermeiden, heute in die entgegengesetzten Fehler verfallen und einer christlichen Natur-Mystifizierung das Wort reden. Die Gemeinde wird vielmehr im wachen Bewußtsein der Gefahr, sich immer wieder bestimmten Zeitströmungen anzupassen, die Möglichkeiten und Grenzen einer ökonomischen Expansion neu durchdenken müssen, um daraus aktuelle Kriterien der Haushalterschaft gewinnen zu können. Auf diese Weise kann sie dann auch zur Entfaltung einer Wirtschaftsgesinnung beitragen, die mehr als bisher auf ökologische Ziele Rücksicht nimmt.

Mit der Nennung wirtschaftlicher Strukturprobleme sprechen wir bereits von der *politischen Dimension* unseres Glaubens. Als Teilnehmer am Produktionsprozeß und als Verbraucher beeinflussen wir unmittelbar durch unser Verhalten volkswirtschaftliche Abläufe. Darüber hinaus sind wir dazu aufgerufen, im Rahmen unserer Möglichkeiten auch an der politischen Gestaltung des öffentlichen Lebens teilzunehmen. In den vorangegangenen Kapiteln sind drei Programme für politisches Handeln dargestellt und jeweils kommentiert worden. Jede dieser Konzeptionen besitzt ihre spezifischen Schwächen. Für Christen kann es deshalb nicht darum gehen, in unverbrüchlicher Treue an einem der genannten Programme festzuhalten. Die Gemeinde ist vielmehr aufgerufen, nüchtern die Vor- und Nachteile bestimmter Ordnungsformen gegeneinander abzuwägen und dabei die jeweiligen nationalen Möglichkeiten im Auge zu behalten. Christen in sozialistischen Ländern werden z. B. keine Aufgabe darin sehen können, die planwirtschaftliche Ordnung bedingungslos zu unterstützen oder sie kompromißlos zu verwerfen. Und Christen in kapitalistischen Ländern werden ebenso wenig eine Aufgabe darin sehen können, die marktwirtschaftliche Ordnung kritiklos zu bejahen oder leidenschaftlich zu bekämpfen. Vielmehr wird es für Christen in allen Ländern darum gehen, die jeweils gegebenen Möglichkeiten auszuschöpfen, um mehr Freiheit und mehr Gerechtigkeit zu erreichen, wobei sich die Prioritäten ihres politischen Handelns aus den jeweils drängendsten Problemen ergeben.

Auf *internationaler Ebene* dürfte nur eine marktwirtschaftliche Ordnung in Frage kommen; sie ist einer planwirtschaftlichen Organisation aus vielen Gründen überlegen (geringere Effizienzverluste, größerer nationaler und individueller Entfaltungsspielraum usw., vgl. dazu insbesondere die Ausführungen im Abschnitt 2.2). Allerdings sind Reformen an den weltwirtschaftlichen Ordnungsregeln unerläßlich. Aufgabe dieser Reformen muß es sein, die bestehenden marktwirtschaftlichen Regeln besser gegen Mißbrauch zu schützen und sie zu ergänzen durch Vorkehrungen zur Erreichung eines internationalen Sozialausgleichs. Welche Maßnahmen dafür am besten geeignet sind, hängt von den konkreten Einzelfällen ab. Es gibt kaum Maßnahmen, die keine unerwünschten Nebenwirkungen hervorrufen. Deshalb werden politische Kompromisse unausweichlich sein. Dies zeigt sich auf nationaler Ebene, und es gilt in noch weitaus stärkerem Maße für die Versuche, auf internationaler Ebene marktwirtschaftliche Prinzipien mit einem sozialen Ausgleich zu verbinden. Die konsequente Durchsetzung *marktwirtschaftlicher Prinzipien* bedeutet u. a. den Abbau von Handelshindernissen auf der Import-und Exportseite, die Beseitigung privater Wettbewerbsbeschränkungen, die Vermeidung inflationärer Geldentwertung und die Glättung bestimmter Preisschwankungen. Was dies im einzelnen bedeutet, soll hier kurz skizziert werden.[9]

Obwohl sich nahezu alle westlichen Industrie- und Entwicklungsländer zum Prinzip eines freien Außenhandels bekennen, gibt es in der Praxis zahlreiche Handelsbeschränkungen. Die Entwicklungsländer werden davon besonders stark betroffen. Einer der Gründe liegt darin, daß durch eine Staffelung der Zollsätze nach dem Verarbeitungsgrad die ersten Verarbeitungsstufen eines Produktes in den Industrieländern besonders geschützt sind, während die Rohstoffe oft zollfrei von diesen Ländern importiert werden. Dies erschwert es den Entwicklungsländern, statt Rohstoffe Verarbeitungsprodukte zu exportieren und dadurch Arbeitsplätze zu schaffen. Eine konsequente Durchsetzung marktwirtschaftlicher Prinzipien würde bedeuten, daß die Zollsätze vereinheitlicht und schrittweise beseitigt werden, damit die Entwicklungsländer in die Lage versetzt werden, ihre Vorteile bei der Herstellung bestimmter einfacher Verarbeitungserzeugnisse zur Geltung zu bringen. Des weiteren müßten die Industrieländer darauf verzichten, wettbewerbsfähige Entwicklungsländer zu sogenannten »freiwilligen Selbstbeschränkungsabkommen« zu überreden. Bekannt sind vor allem die Selbstbeschränkungsabkommen auf dem Textilsektor. Länder wie Taiwan, Singapur und Hongkong haben sich auf Druck der westlichen Industrieländer verpflichtet, ihre Textilprodukte in diese Länder nicht über ein bestimmtes Niveau hinaus steigen zu lassen. Die Importzölle der Industrieländer werden auf diese Weise ersetzt durch eine »freiwillige« Zurückhaltung der Exportländer. Maßnahmen dieser Art sind mit dem marktwirtschaftlichen Prinzip nicht zu vereinbaren (vgl. oben S. 72).

Ebensowenig entspricht es diesem Prinzip, wenn die Industrieländer mit hohen Subventionen Agrarüberschüsse produzieren, zum Teil unter Verwendung von Futtermitteln aus den Entwicklungsländern, und diese Überschüsse dann zu künstlich ermäßigten Preisen in die Entwicklungsländer exportieren. Damit wird in den Entwicklungsländern die Herstellung von Futtermitteln für den Export attraktiv gemacht, die Produktion von Nahrungsmitteln für den inländischen Bedarf dagegen erschwert. Eine Korrektur dieser verfehlten Agrarpolitik ist dringend erforderlich.

Mit der Beseitigung staatlicher Eingriffe in den internationalen Warenverkehr ist es nicht getan. Es gibt auch zahlreiche private Wettbewerbsbeschränkungen, durch die Entwicklungsländer diskriminiert werden. Ein naheliegendes Beispiel stellt die Tätigkeit multinationaler Unternehmen dar, die aufgrund ihrer dominierenden Marktmacht das Entstehen einer eigenen wettbewerbsfähigen Produktion in Entwicklungsländern behindern können. Es gibt bisher nur wenige Ansätze zur Lösung dieses Problems. Im Rahmen der UNO wurde beispielsweise über einen Verhaltenskodex multinationaler Unternehmen verhandelt, und man hat bilaterale sowie multilaterale Investitionsschutzabkommen vorgeschlagen, in denen die Rechte und Pflichten der Niederlassungsländer multinationaler Unternehmen geregelt werden sollen. Es wird darauf ankommen, diese Verhandlungen sehr viel energischer voranzutreiben und dabei auf die Durchsetzung engstirniger nationaler Interessen auch einmal zu verzichten.

Die Voraussetzung für eine faire marktwirtschaftliche Arbeitsteilung ist eine gesunde Währungsordnung. Deshalb ist darauf zu achten, daß international gesehen nicht mehr Geld geschaffen wird, als zur Bewältigung des realen Welthandelsvolumens erforderlich ist. Die Forderung, der Internationale Währungsfonds sollte großzügiger bei seiner Kreditgewährung und bei der Schaffung sogenannter Sonderziehungsrechte zugunsten der Entwicklungsländer vorgehen, ist deshalb außerordentlich fragwürdig (vgl. oben S. 94). Dasselbe Urteil trifft auf eine unsolide Geldpolitik der Nationalstaaten zu. Die inflatorische Politik der USA in den 60er und 70er Jahren hat beispielsweise die internationale Arbeitsteilung erheblich beeinträchtigt. Vor allem die großen Industrieländer übernehmen mit ihrer Geldpolitik eine wichtige Verantwortung für die weltwirtschaftliche Entwicklung.

Damit der marktwirtschaftliche Wettbewerb seine Funktion bei der Produktionslenkung wahrnehmen kann, müssen die Preissignale, die er aussendet, zuverlässig sein. Häufig ist dies nicht der Fall. Die Preise weisen starke Schwankungen auf, die es einem Produzenten unmöglich machen, zwischen produktiven und weniger produktiven Verwendungen der vorhandenen Ressourcen zu unterscheiden. Insbesondere in den Rohstoffexportländern spielt dieses Problem eine Rolle. Es liegt deshalb durchaus im Interesse einer marktwirtschaftlichen Arbeitsteilung, wenn Preisschwankungen geglättet werden, wo sie eine sinnvolle Verwendung von Produktionsfaktoren behindern. Auch dafür gibt es eine Reihe von Lösungsansätzen, die konsequent weiterverfolgt werden müßten.

Alle diese Maßnahmen sind unvollständig, wenn sie nicht durch eine internationale *Verteilungsordnung* ergänzt werden. Die skizzierten Maßnahmen zur Festigung eines marktwirtschaftlichen Wettbewerbs ändern ja zumindest kurzfristig nichts an den bestehenden internationalen Wohlstandsunterschieden. Sie können diese Unterschiede u. U. sogar vertiefen. Ein freier internationaler Wettbewerb um knappe Rohstoffe wird z. B. dazu führen, daß diese Rohstoffe von den einkommensstarken Industrieländern absorbiert werden, obwohl sie in den einkommensschwachen Entwicklungsländern einen sehr viel größeren Beitrag zur wirtschaftlichen Besserstellung der Menschen leisten könnten. Der Reichtum der Industrieländer wird dadurch eher noch vergrößert, die Armut der Entwicklungsländer eher noch vertieft. Notwendiger Bestandteil einer »sozialen internationalen Marktwirtschaft« sind deshalb Maßnahmen einer internationalen Sozialpolitik.

Der Grundgedanke einer solchen Politik müßte darin bestehen, daß »reiche« Länder im Rahmen internationaler Verträge bestimmte Verpflichtungen zur regelmäßigen Zahlung von Hilfsgeldern an »arme« Länder eingehen und daß die Empfängerländer bestimmte Verpflichtungen hinsichtlich der Verwendung dieser Gelder übernehmen. Von der gegenwärtigen Praxis der Entwicklungshilfe würde sich diese Form einer internationalen Sozialpolitik dadurch unterscheiden, daß sie stetiger, verbindlicher und voraussehbarer wäre. Die benötigten Gelder könnten beispielsweise über nationale Entwicklungssteuern bzw. einen Zuschlag auf bestimmte Formen der direkten Steuern aufgebracht werden. Die Zuteilung der Mittel auf die Empfängerländer hätte über multilaterale Institutionen zu erfolgen. Bei der Verwendung müßte sichergestellt werden, daß tatsächlich die Armen in den Entwicklungsländern erreicht werden und daß ihre Eigeninitiative dadurch gefördert wird.

Eine Verwirklichung dieses Gedankens hat mit sehr schwierigen Detailproblemen zu rechnen. Die Gegner einer solchen Politik haben es sehr leicht, wenn sie im Blick auf diese ungelösten Probleme vor einer freizügigen Vergabe von Hilfsgeldern warnen. Doch wer als Christ verantwortlich über die wirtschaftlichen Beziehungen zwischen reichen und armen Ländern nachdenkt, kann beim Nachweis dieser Probleme nicht stehenbleiben. Er wird nach Mitteln und Wegen suchen, um das maximal erreichbare Maß an sozialer Gerechtigkeit auf internationaler Ebene durchzusetzen. Eine entscheidende Bedeutung besitzt dabei die Zusammenarbeit mit Kirchen und anderen Organisationen in den Entwicklungsländern. Im Zusammenwirken mit ihnen müssen die Voraussetzungen dafür geschaffen werden, daß die Hilfe von außen sinnvoll verwendet werden kann und tatsächlich den Armen zugute kommt. Nur dann läßt sich auch ein größeres Engagement in den Geberländern zur Verstärkung der Entwicklungshilfe begründen. Es gibt zahlreiche Beispiele für gelungene Ansätze dieser Art. Oft sind es die kleinen, unscheinbaren Projekte, die sich kaum für attraktive Farbfotos in den Geschäftsberichten großer Entwicklungsbanken eignen, die den größten sozialen Nutzen stiften. Als Regel kann gelten, daß Millionen von Klein-Projekten besser sind als große Millionen-Projekte. Eine Intensivierung dieser Art von Entwicklungshilfe ist ohne ein zunehmendes menschliches Engagement nicht möglich. Hier zeigt sich besonders deutlich, daß politische Änderungen — etwa im Sinne der oben erwähnten Entwicklungssteuer in den reichen Ländern — nicht sehr sinnvoll sind, wenn sie nicht getragen werden vom Engagement vieler einzelner.

Schon diese wenigen Hinweise zeigen, wie schwierig es ist, eine »soziale internationale Marktwirtschaft« zu verwirklichen. Christen sollten darüber nicht resignieren. Tun sie auch ihre Arbeit an »strukturellen Reformen« in der Hinwendung zu Christus — nicht anders als Mutter Teresa ihre Arbeit an dem Ärmsten —, dann wird sie das Ausbleiben schneller Erfolge nicht entmutigen, sondern zu umso größerer Beharrlichkeit anspornen.

Christen kann es auch nicht gleichgültig sein, welche *Außenpolitik* die Regierung ihres Landes verfolgt. Ist es reine Machtpolitik, die rücksichtslos über die Interessen der wirtschaftlich und politisch schwächeren Länder hinweggeht? Ist es eine Politik der militärischen Drohungen, die zu wachsenden Spannungen und damit zu einer tödlichen Gefahr für Millionen von Menschen führt? Wenn wir realistisch sind, werden wir wohl kaum damit rechnen können, daß die

Außenpolitik unserer Länder »unzweideutig auf der Seite der Armen steht« und daß die »Außenpolitiker der westlichen Demokratien« ausschließlich von der »Pflicht« geleitet werden, »nach Gerechtigkeit ... zu trachten.«[10] Wenn dies das ausschließliche Ziel unserer Außenpolitik sein soll, dann dürfen wir mit sehr vielen Entwicklungsländern keine diplomatischen Beziehungen mehr unterhalten, weil wir sonst Regierungen anerkennen und damit politisch aufwerten, die »nicht eindeutig auf der Seite der Armen stehen.« Gerade durch den Verzicht auf diplomatische Beziehungen würden wir aber jede Möglichkeit verlieren, im Interesse humaner Ziele mit legalen Mitteln auf diese Länder einzuwirken. Die Außenpolitik kann sich nun einmal, wenn sie humanitäre Ziele verfolgt, aus dem Geflecht von diplomatischen Spielregeln sowie wirtschaftlichen und politischen Interessen kaum befreien. Trotzdem werden wir uns mit allem Nachdruck dafür einsetzen müssen, daß wenigstens die gröbsten Einmischungen neokolonialer Art unterbleiben, und es ist ein hoffnungsvolles Zeichen, daß Christen in allen Ländern diese Herausforderung inzwischen erkannt haben.

Umstritten sind die Konsequenzen christlichen Glaubens für die Friedenspolitik.[11] Bereits im letzten Kapitel haben wir darüber gesprochen. Wir haben auch gesehen, daß die Vermischung von unerkannter Ideologie und ernstgenommener Bergpredigt nicht gerade zu einer Klärung des christlichen Engagements in dieser Frage beigetragen hat (vgl. S. 50). Versuchen wir, uns von einer ideologischen Verniedlichung realer Gefahren zu befreien, so sehen wir, daß einseitige Abrüstungsinitiativen unsere aktuelle Gefährdung voraussichtlich erhöhen werden (vgl. S. 91). Zugleich sind solche Schritte aber wohl unsere einzige Chance, auf längere Sicht die furchtbare Gefahr eines Atomkrieges zu verringern. Wofür soll sich die Gemeinde einsetzen? Vielleicht stand sie noch nie zuvor vor einer derartig komplizierten Entscheidung. Doch sie wird an einer klaren Antwort nicht vorbeikommen. Sie kann nach Ansicht des Verfassers nur so aussehen, daß sich die Gemeinde für klare Abrüstungsschritte — auch solche einseitiger Art — einsetzt. Die Gemeinde kann nicht auf die bewahrende Hilfe ihres Herrn vertrauen, wenn sie selber durch ein passives Dulden des Rüstungswettlaufs die Gefahr eines menschheitsbedrohenden Krieges erhöht. Ihr Vertrauen ist nur dann keine Heuchelei, wenn sie durch die Unterstützung von echten Abrüstungs-Initiativen dazu beiträgt, daß diese Gefahr verringert wird.

5.3 Haben wir eine Zukunft?

Die Frage läßt sich nicht abweisen, ob es noch möglich ist, die vielfach drohenden Gefahren abzuwenden: einen militärischen Holocaust, die seelische Verarmung in den Wohlstandsgesellschaften, das Massenelend der Entwicklungsländer, irreparable Umweltschäden. Die Antwort darauf hängt nicht in erster Linie von der Ernsthaftigkeit unseres Wollens und von der Kompromißlosigkeit unseres Verhaltens ab. Es ist letztlich eine Frage nach dem Willen dessen, der sich als der Herr unserer Geschichte bekundet. Er steht mit seinem Plan des Heils nicht unter unserer Verfügungsmacht; zu diesem Plan gehört auch das Gericht. Kein Fatalismus, sondern anhaltende Fürbitte ist die glaubensgemäße Haltung der Gemeinde angesichts dieser Erkenntnis, und mit dieser Fürbitte sind Besserwisserei oder Passivität nicht zu vereinbaren.

Hören wir noch einmal auf Amos. Er bittet für Israel: »Mein Herr Jahwe, verzeih doch! Wie soll Jakob bestehen?« Und er berichtet: »Da hat Jahwe es getan. 'Es soll nicht geschehen', hat Jahwe gesagt« (Amos 7, 2ff.). Noch ein zweites Mal hält Jahwe auf die Fürbitte des Amos hin das Gericht zurück (Amos 7, 4ff.). Doch die dritte Gerichtsankündigung geht in Erfüllung: »... Ich gehe nicht länger schonend an meinem Volk vorüber, sagte mein Herr zu mir« (Amos 7, 8). Amos erfährt, daß sich Gott durch das Gebet bewegen läßt, daß Jahwe aber letztlich der souveräne Herr über das Geschick seines Volkes bleibt. Gott führt dieses Volk ins Gericht, um wieder ganz neu mit ihm beginnen zu können: »Gebt acht, es kommen Tage, spricht Jahwe ..., da will *ich* das Geschick meines Volkes wenden. Sie werden die verwüsteten Städte aufbauen und sie bewohnen« (Amos 9, 13f.).

Daß das Geschick dieser Welt in der Hand ihres Schöpfers liegt, das ist unsere Hoffnung. Er hat sich in Jesus Christus für das Heil seiner Schöpfung verbürgt. Das gibt uns Mut zur Fürbitte und Mut zum Handeln. Wie und wann dieses Heil in seiner vollkommenen Gestalt sichtbar werden wird, entzieht sich unserer Vorstellung. Das sollte uns nicht mutlos machen, steht doch über aller Unsicherheit und über jedem göttlichen Gerichtswort die Zusage: »Siehe, ich mache alles neu« (Offb. 21, 5).

Zusammenfassende Thesen

1. Kapitel: Armut und Reichtum als internationales Problem

1.1 Die Armut der Entwicklungsländer hat viele Ursachen; jede monokausale Erklärung und jeder darauf gegründete Lösungsansatz ginge an den tatsächlichen Problemen vorbei.

1.2 Der Wohlstand der Industrieländer ist vorwiegend das Ergebnis eigener Arbeitsleistung, doch er führt zu Konsequenzen, die eigenständige Entwicklungsprozesse in der Dritten Welt behindern können.

1.3 Amos scheint zu einem »Protest im Namen Gottes« gegen weltweite soziale Ungerechtigkeit herauszufordern. Zieht man politische Konsequenzen aus seinem so verstandenen Aufruf, dann stellt sich für Christen die Frage nach einer Beteiligung an revolutionären Prozessen.

2. Kapitel: Die marxistische Verheißung

2.1 Steht die revolutionäre Erhebung der Ausgebeuteten im Einklang mit dem realdialektischen Bewegungsgesetz der Geschichte, so werden Armut und Unterdrückung für immer beseitigt.

2.2 Da das »realdialektische Bewegungsgesetz« eine Fiktion ist, können revolutionäre Aktionen nur an ihren eigenen Erfolgen beurteilt werden; es entfällt die Möglichkeit, sie durch einen Rückverweis auf das »realdialektische Bewegungsgesetz« zu legitimieren. Die Eigendynamik eines marxistisch inspirierten Machtwechsels läßt erwarten, daß er zum Aufbau eines autoritär-bürokratischen Systems führt, dessen einziger erkennbarer Vorteil in der Angleichung der materiellen Lebensbedingungen innerhalb eines Landes besteht.

2.3 Es ist eine völlige Verkennung des biblischen Auftrages, wenn behauptet wird, Christen »müßten« Sozialisten in einem revolutionär-marxistischen Sinne sein. Gleichwohl *können* Christen in Entwicklungsländern in Einzelfällen zu der Überzeugung kommen, daß eine Unterstützung revolutionärer Aktionen sinnvoll sei.

3. Kapitel: Die kapitalistische Verheißung

3.1 Die kapitalistische Utopie verspricht eine Überwindung der Armut und einen Ausgleich konkurrierender Einzelinteressen, sofern das marktwirtschaftliche Anreiz- und Lenkungssystem ungehindert wirken kann.

3.2 Zahlreiche Voraussetzungen, von denen die kapitalistische Utopie ausgeht, sind insbesondere in Entwicklungsländern nicht erfüllt und durch politisches Handeln auch kaum erfüllbar. Das freie Spiel der »Marktkräfte« kann unter diesen Umständen eine Verfestigung der Massenarmut und einen sozialdarwinistischen Überlebenskampf zur Folge haben.

3.3 Christen können keine »Kapitalisten« im Sinne einer blindgläubigen Verwirklichung der kapitalistischen Utopie sein. Aber sie sind zur Übernahme wirtschaftlicher und politischer Verantwortung in kapitalistischen Staaten aufgefordert.

4. Kapitel: Das Versprechen der Reformer

4.1 Die Reformer versprechen, durch eine bewußte politische Gestaltung wirtschaftlicher Abläufe eine humane und international ausgeglichene Wirtschaftsentwicklung herbeizuführen.

4.2 Viele ökonomische Vorgänge entziehen sich der gewünschten politischen Gestaltung und die in Aussicht genommenen Trägergruppen der Reformpolitik stellen eher eigene Forderungen, als daß sie zur opfervollen Arbeit an der Verwirklichung von Reformzielen bereit wären.

4.3 Christen »müssen« Reformer im Sinne einer aktiven Unterstützung politischer Maßnahmen sein, die mehr Gerechtigkeit und mehr Freiheit zum Ziel haben, aber Christen dürfen sich nicht zum blindgläubigen Anhänger einer Reformideologie machen.

5. Kapitel: Herausforderungen an die christliche Gemeinde

5.1 Nimmt man die Revolutionäre, die Liberalen und die Reformer in ihrer Zeitanalyse beim Wort und läßt man sich den Blick auf ihre jeweiligen Lösungswege nicht durch eine utopische Brille trüben, dann lautet die übereinstimmende Botschaft: »Wir wissen keinen Ausweg mehr.« Mit dieser Erkenntnis eröffnet sich ein neues Verständnis des Amos-Buches: Amos deutet unsere Ausweglosigkeiten als ein Gericht Gottes.

5.2 Aus einer bewußten Umkehr zu Gott als der radikalsten Kehrtwendung des Menschen ergeben sich praktische Konsequenzen für das persönliche Leben, für die Teilnahme an wirtschaftlichen Prozessen und für die Wahrnehmung politischer Rechte und Pflichten.

5.3 Gottes Verheißungen und nicht unsere Anstrengungen entscheiden über das Schicksal der Welt. Die glaubensgemäße Antwort darauf ist anhaltende Fürbitte und hoffnungsvolles Handeln.

Anmerkungen

Zum Abschnitt 1.1:

1 Angaben nach: The World Bank, World Development Report 1981, Washington 1981 (Annex). Verwendet man das Pro-Kopf-Einkommen als einen groben Indikator für den wirtschaftlichen Wohlstand, dann erhält man das Ergebnis, daß das Wohlstandsgefälle zwischen Industrie- und Entwicklungsländern etwa 13 : 1 beträgt. Vgl. H. Hesse, H. Sautter: Einführung in die Entwicklungstheorie und -politik, Band 1: Entwicklungstheorie. Düsseldorf/Tübingen, 1977.

2 Wiedergabe eines Berichtes in der FAZ v. 11.3.1982, S. 7: »Man nennt sie die letzten Sklaven der Karibik«.

3 Siehe FAZ v. 27.3.1982: »Revolution auf Indisch« sowie FAZ v. 9.3.1982: »Saat der Gewalt in der Ebene des Ganges«.

4 Siehe FAZ v. 17.3.1982: »Die Zukunft auf Öl gebaut«.

5 Global 2000. Der Bericht an den Präsidenten. Herausgegeben vom Council on Environmental Quality und dem US-Außenministerium (deutsche Übersetzung). Frankfurt/Main 1980, S. 44.

Zum Abschnitt 1.2:

1 Ivan Illich: Fortschrittsmythen. Hamburg, 1978, S. 93ff., 139f.

2 Es wurden folgende Energieträger berücksichtigt: Kohle, Erdöl, Erdgas, Wasserkraft, Kernenergie. Nicht berücksichtigt wurde der Verbrauch von Holz. Vgl. The World Bank, World Development Report, 1981, Annex Table 1 und 7.

3 Mineralölwirtschaftsverband: Jahresbericht 1980; BP Statistical Review, 1976.

4 Vgl. z. B. »Hunger durch Überfluß?« Arbeitsheft zum Jahresbericht Brot für die Welt 1981/82. Stuttgart (1981).

Zum Abschnitt 1.3:

1 Vgl. dazu insbesondere Hans Walter Wolff: Die Stunde des Amos. 5. Aufl., München 1981.

2 Diese und die folgenden Amos-Textstellen werden zitiert nach der Übersetzung von Hans Walter Wolff: Die Stunde des Amos, a.a.O.

3 Jack A. Nelson: Hunger for Justice. New York 1980.

4 Helmut Gollwitzer: Die kapitalistische Revolution. München 1974, S. 120.

Zum Abschnitt 2.1:

1 Paul Tillich: Die politische Bedeutung der Utopie, in: Paul Tillich, Für und wider den Sozialismus. München-Hamburg 1969, S. 135-184, insbesondere S. 149, 161.

2 Vgl. dazu insbesondere: Karl Löwith: Weltgeschichte und Heilsgeschichte, 5. Aufl., Stuttgart usw. 1967.

3 Zur zusammenhängenden Darstellung des Marxismus vgl. etwa Iring Fetscher: Der Marxismus. Seine Geschichte in Dokumenten. Band 1: Philosophie, Ideologie; München 1976. Band 2: Ökonomie, Soziologie; München 1976. Band 3: Politik; München 1977.

4 Karl Marx: »Die deutsche Ideologie«, in: Karl Marx/Friedrich Engels: Historisch-kritische Gesamtausgabe, I, 5, zitiert nach: Ralf Dahrendorf: Marx in Perspektive, Hannover (1952), S. 171.

5 Karl Marx: Erste Adresse des Generalrats über den deutsch-französischen Krieg (1870), in: Karl Marx: Der Bürgerkrieg in Frankreich (1871), Berlin 1949, zitiert nach: Ralf Dahrendorf, a.a.O., S. 181.

Zum Abschnitt 2.2:

1 Ralf Dahrendorf: Marx in Perspektive, a.a.O., S. 90.

2 Bruno Bauer hat dies dem Gottesglauben vorgeworfen. »Gott ist ja nur der den Menschen entfremdete Mensch«, d. h. das Produkt menschlicher Vorstellung, dem sich der Mensch unterwirft (Bruno Bauer: Das entdeckte Christentum, S. 156), zitiert nach: Ralf Dahrendorf: Marx in Perspektive, a.a.O., S. 79.

3 Günter Nenning, in: »Neues Forum«. Wien, April 1972, S. 39, zitiert nach: Helmut Gollwitzer: Die kapitalistische Revolution, a.a.O., S. 69. Gollwitzer übernimmt hier die Meinung Nennings.

4 Die Lohnspanne zwischen dem Gehalt eines Direktors und dem Lohn eines Arbeiters betrug 1982 in einer Baumwoll-Textilfabrik in Peking etwa 2:1, nach einer anderen Schätzung 3,5:1. Seit der Kulturrevolution ist allerdings eine Abkehr von der alten Nivellierungs-Ideologie festzustellen. Vgl. Jiri Kosta: Notizen zu einer Studienreise in die VR China. J. W. Goethe-Universität, Frankfurt/Main, Forschungsprojekt »Sozialismus und Industrialisierung«, Arbeitspapier Heft 1, Frankfurt/Main 1982, S. 33.

5 Iring Fetscher: Überlebensbedingungen der Menschheit, München 1980, S. 64.

6 In diese Richtung scheinen die Vorstellungen des Bariloche-Modells zu gehen. Vgl.: Amílcar D. Herrera, Hugo D. Scolnik u. a.: Grenzen des Elends. Das Bariloche-Modell: So kann die Menschheit überleben. Frankfurt/Main 1977.

7 Karl Marx: Nationalökonomie und Philosophie (Pariser Manuskripte), zitiert nach: Ralf Dahrendorf, Marx in Perspektive, a.a.O., S. 168.

8 Dieser Konflikt wird sehr deutlich herausgearbeitet bei: Arthur M. Okun: Equality and Efficiency. The big trade off. Washington D.C. 1975.

9 Kaum ein sozialistischer Ökonom hat dies so deutlich gesehen wie János Kornai: The Dilemmas of a Socialist Economy: The Hungarian Experience. The Economic and Social Research Institute, Dublin (Ireland), Twelfth Geary Lecture, 1979.

10 Vgl. James H. Weaver and Alexander Kronemer: Tanzanian and African Socialism, in: »World Development« (Oxford usw.), Vol. 9, No. 9/10, Sept./Oct. 1981, S. 839-850.

11 Vgl. dazu Iring Fetscher: Überlebensbedingungen der Menschheit, a.a.O., S. 128ff. Daß auch Marx schon das Umweltproblem gesehen und vor einer grenzenlosen Ausbeutung der Natur gewarnt hat, worauf Iring Fetscher hinweist, wird von den machtausübenden Marxisten in der Regel übersehen. Ganz unschuldig ist allerdings Marx an dieser einseitigen Interpretation seiner Lehre nicht. Seine Ermutigung zum Wirtschaftswachstum ist sehr viel deutlicher ausgefallen als seine Warnung vor einer forcierten Güterproduktion (siehe dazu: Iring Fetscher, a.a.O.).

12 Kenneth P. Jameson and Charles K. Wilber: Socialism and Development: Editors' Introduction, in: »World Development«, Vol. 9, No. 9/10, Sept./Oct. 1981, S. 803-812.

13 Ota Sik: Humane Wirtschaftsdemokratie. Ein dritter Weg. Hamburg 1979.

14 Dennis Meadows u. a.: Die Grenzen des Wachstums, Reinbek 1973.

15 Wolfgang Harich: Der »Club of Rome« wird ernstgenommen. Ein Gespräch über die Einschätzung der Wachstumsfrage in der Sowjet-Union und der DDR. »Technologie und Politik«, rororo Aktuell-Magazin No. 2, Juli 1975, S. 109-134, S. 122.

16 Vgl. dazu Hans Christoph Binswanger u.a. (Hrsg.): Wege aus der Wohlstandsfalle. Der NAWU-Report. Frankfurt/Main 1979.

17 Iring Fetscher: Überlebensbedingungen der Menschheit, a.a.O., S. 62ff.

18 Vgl. Kenneth P. Jameson and Charles K. Wilber: Socialism and Development, a.a.O.

19 John K. Galbraith: Die Arroganz der Satten. Strategien zur Überwindung der weltweiten Massenarmut. Bern-München 1980, S. 11.

20 Vgl. z. B. Helmut Gollwitzer: Muß ein Christ Sozialist sein? In: Helmut Gollwitzer, Forderungen der Umkehr, München, 1976, S. 162-178; Wolfgang Teichert (Hrsg.): Müssen Christen Sozialisten sein? Hamburg 1976.

Zum Abschnitt 2.3:

1 Walter Dirks: Das Wort Sozialismus, in: Frankfurter Hefte, Okt. 1946, zitiert nach Helmut Gollwitzer, Muß ein Christ Sozialist sein? a.a.O.,

S. 177. Nach Meinung von Helmut Gollwitzer besitzt diese Definition »bei aller Weite Bestimmtheit genug und bei aller Bestimmtheit genug Weite«, um sagen zu können: »Christen müssen Sozialisten sein«. Der Ansicht, daß diese Begriffsbestimmung bei »aller Weite Bestimmtheit genug« besitzt, um für die Klärung eines praktischen Engagements der Christen verwendbar zu sein, wird man nur sehr schwer zustimmen können.

2 Vgl. dazu Horst Stuke: »Sozialismus I: Geschichte« sowie Heinz-Dietrich Ortlieb und Dieter Losch: »Sozialismus II: Sozialismus als Leitbild der Wirtschaftsordnung«, in: Handwörterbuch der Wirtschaftswissenschaft (HdWW), 5./6. Lieferung, Stuttgart usw. 1977.

3 Zur Begründung dieses Auftrags vgl. z. B. Ronald J. Sider: Cry Justice, Downers Grove/Ill., 1980; ders.: Der Weg durchs Nadelöhr, Wuppertal 1978, Teil II.

4 Helmut Gollwitzer, Die kapitalistische Revolution, a.a.O., S. 120.

5 Wer gegen eine marktwirtschaftliche Ordnung ist, muß sich für eine planwirtschaftliche, bürokratische Wirtschaftslenkung entscheiden. Man kann nicht gut zur gleichen Zeit das eine und das andere ablehnen. Siehe dazu Assar Lindbeck: Die politische Ökonomie der neuen Linken: Göttingen 1973, S. 32f.

6 Siehe dazu Ralf Dahrendorf: Marx in Perspektive, a.a.O., vgl. insbesondere die dritte These zur Marx-Kritik, S. 165.

7 Karl Löwith: Weltgeschichte und Heilsgeschichte, a.a.O., S. 48.

8 Siehe dazu Wolfhart Pannenberg: Heiligung und politische Ethik, in: Fernando Castillo u.a.: Herausforderung, die Dritte Welt und die Christen Europas, Regensburg 1980, S. 79-108.

9 Helmut Gollwitzer: Unser Kampf für Frieden und Abrüstung, in: Helmut Gollwitzer: Argumente, Texte aus vier Jahrzehnten, Stuttgart 1978, S. 106-126, S. 119.

10 ebenda, S. 118f. Vgl. auch: Helmut Gollwitzer: Die kapitalistische Revolution, a.a.O., S. 65.

11 Wie brüchig der Boden ist, auf den man sich mit derartigen Beschönigungen begibt, wird allein schon daraus deutlich, daß durchaus nicht unbestritten war, ob die bolschewistische Revolution und ihr Ergebnis in einen sinnvollen Zusammenhang mit der Marxschen Theorie zu bringen sei. Selbst Lenin zögerte ursprünglich, seine Revolution als »sozialistisch« im Sinne von Marx zu bezeichnen. Er war sich sehr wohl bewußt, daß er nicht im realdialektischen »Kairos« handelte. Wenn er sich dann trotzdem entschloß, der neuen Situation das Etikett »sozialistisch« zu geben, dann deshalb, weil sich auf diese Weise der Herrschaftsanspruch der Bolschewiki leichter legitimieren ließ. Dieser aus politischer Opportunität vorgenommene Rückverweis auf die Marxsche Theorie ist dann zur Rechtfertigungs-Ideologie für den Sowjet-Staat ausgebaut worden. Auf den Boden dieser opportunistischen Rechtfertigungs-Ideologie stellt man sich, wenn man die Situation der Ostblock-Länder als »sozialistisch« im Sinne der Marxschen Lehre bezeichnet.

12 Der ganze Duktus, in dem die Studie »Die kapitalistische Revolution« geschrieben worden ist, läßt Zweifel daran aufkommen, ob deren Verfasser diese Grenze einer marxistischen Gesellschaftskritik im Auge behielt, als er die Gemeinde zur »Selbstbefreiung« durch »historisch-materialistische Geschichtsbetrachtung und Gesellschaftskritik« aufforderte (Helmut Gollwitzer: Die kapitalistische Revolution, a.a.O., S. 120).

13 Vgl. dazu Klaus Bockmühl: Evangelikale Sozialethik. Gießen-Basel 1975, S. 34ff.

14 Aus einer Resolution der ökumenischen Konferenz »Kirche und Gesellschaft«, Genf 1966, zitiert nach: Helmut Gollwitzer: Forderungen der Umkehr, a.a.O., S. 41.

15 Wenn ich richtig sehe, besteht hinsichtlich dieser Punkte selbst bei so unterschiedlichen Theologen wie Helmut Gollwitzer und Helmut Thielicke kaum eine Meinungsverschiedenheit. Vgl.: Helmut Gollwitzer: Die Revolution des Reiches Gottes und die Gesellschaft, in: Helmut Gollwitzer: Forderungen der Umkehr, a.a.O., S. 41-43, insbesondere Teil VIII: Revolution als theologisches Problem; Helmut Thielicke: Theologische Ethik, Band II, 2. Teil: Ethik des Politischen. Tübingen 1958, insbesondere S. 413-432; vgl. auch: James M. Gustafson, Johan Marie de Jong, Richard Shaull: Zur Ethik der Revolution, Stuttgart 1970.

16 Siehe dazu Günter Maschke: Cubanischer Taschenkalender. »Kursbuch« (Berlin), 30, Dez. 1972, S. 129-152. Der Verfasser spricht vom »Partisanenadel« als einer »Neuen Klasse«. »Diese geschlossene Gesellschaft verfügt über eigene Schulen für ihre Kinder, völlig gesicherte Verpflegung und einen garantierten Lebensstandard, der eher als Luxus denn als Wohlstand zu definieren ist. Diese Klasse verfügt auch, inmitten einer ausgepowerten Gesellschaft, über ihr eigenes Status-Symbol: das ist der Alfa-Romeo-De-Lux, Modell 1750. Seit 1969 wurden von diesem Wagen ca. 2000 Stück eingekauft. Ein Teil dieser Autos wurde im Taxi-Dienst eingesetzt, doch etwa 600 von ihnen wurden an Spitzen-Funktionäre verteilt, teilweise sogar als 'persönliches Geschenk' Castros an ihm besonders genehme Gefolgsleute« (S. 143).

17 Dasselbe gilt natürlich auch für die Unterstützung dieser Aufgaben durch Christen in den Industrieländern. Die humanitäre Unterstützung von »Befreiungsbewegungen« durch Kirchen in den Industrieländern ist in den letzten Jahren von verschiedenen Seiten hochgespielt worden, was einer nüchternen Beurteilung solcher Unterstützungsmaßnahmen nicht gerade dienlich war. Grundsätzlich ist nicht einzusehen, weshalb eine humanitäre Hilfe für »Befreiungsbewegungen« in Entwicklungsländern durch Christen bzw. christliche Gruppen in den Industrieländern ausgeschlossen sein sollte, wenn sich Christen in dem betreffenden Entwicklungsland selbst zur Unterstützung eines revolutionären Machtwechsels entschlossen haben. Über die Köpfe der einheimischen Christen hinweg sollte eine solche Unterstützung allerdings nicht erfolgen. Die einheimischen Gemeinden können als unmittelbar Betroffene den Sinn und die Berechtigung re-

volutionärer Aktionen alle Male sehr viel besser beurteilen als Christen in den Industrieländern.

18 Von dieser Alternative spricht Helmut Gollwitzer: Die kapitalistische Revolution, a.a.O., S. 50f.: »Das Problem der sozialistischen Revolution ist ... kein anderes als die Aufgabe, die aus ihrer immanenten Gesetzlichkeit ziellos weiter rasende kapitalistische Revolution unter Kontrolle zu bringen, unter eine Kontrolle, die die hier entfesselten Möglichkeiten dem menschlichen Leben ... dienstbar macht. Die verschiedenen sozialistischen Entwürfe und Fraktionen sind vereint durch diese Zielsetzung und durch die Erkenntnis, daß sie durch eine *Reform* der kapitalistischen Produktion, weil deren Wesen entgegengesetzt, nicht erreicht werden kann, sondern nur durch ihre Überwindung. Die Sozialisten haben richtig gesehen: noch längere Zeit kann sich die Menschheit den Kapitalismus nicht leisten, Sozialismus oder Barbarei — die Alternative der alten Sozialisten wird heute unheimlich bestätigt« (unterstrichen von mir, H.S.). Aus dem Kontext geht hervor, daß Helmut Gollwitzer den revolutionär-marxistischen Sozialismus als Alternative zum Kapitalismus sieht. Sollte dies tatsächlich die Alternative sein, so hätten wir angesichts der systemimmanenten Barbarei dieser Art von Sozialismus sehr wenig Grund zur Hoffnung.

Zum Abschnitt 3.1

1 Max Weber: Vorbemerkungen zur Studie »Die protestantische Ethik und der Geist des Kapitalismus«, in: Max Weber: Die protestantische Ethik I, eine Aufsatzsammlung. Hrsg. von Johannes Winckelmann, München Hamburg 1969, S. 12.

2 Max Weber: Die protestantische Ethik und der Geist des Kapitalismus, a.a.O., S. 47.

3 Karl Marx: Auswahl und Einleitung von Franz Borkenau, Frankfurt/Main 1961, S. 100.

4 Adam Smith: An Inquiry into the Nature and Causes of the Wealth of Nations (1776), dt.: Eine Untersuchung über Natur und Wesen des Volkswohlstandes, Bd. 1-3, Jena 1908, 1920, 1923.

5 Milton Friedman: Capitalism and Freedom, Chicago-London, 1962; dt.: Kapitalismus und Freiheit, Stuttgart 1971, München 1976; Friedrich A. von Hayek: The Constitution of Liberty, Chicago-London 1960; dt.: Die Verfassung der Freiheit, Tübingen 1971; ders.: Individualism and Economic Order, Chicago-London 1948; dt.: Individualismus und wirtschaftliche Ordnung, Erlenbach-Zürich 1952. Ebenso wie Marx würden diese Autoren bestreiten, eine »Utopie« entworfen zu haben. Nichtsdestoweniger sind in der Wirkungsgeschichte ihres Denkens (nicht anders als beim Marxismus) deutlich utopische Elemente auszumachen.

6 Vgl. dazu Winfried Voigt: Politische Ökonomie 1979, in: Jürgen Habermas (Hrsg.): Stichworte zur »Geistigen Situation der Zeit«, Band I, Frankfurt/Main 1979, S. 381-407.

7 Es soll hier nur auf die Position des »Sachverständigenrates zur Begutachtung der gesamtwirtschaftlichen Entwicklung«, der in seiner Mehrheit eine liberale Linie verfolgt, hingewiesen werden. Er forderte wiederholt eine Beteiligung der Arbeitnehmer am Gewinn und am Vermögen der Produktionsbetriebe. Vgl. dazu das Jahresgutachten 1981/82, Bundestagsdrucksache 9/1061 v. 20.11.1981.

8 Vgl. z. B.: Wilhelm Röpke: Jenseits von Angebot und Nachfrage, Erlenbach-Zürich-Stuttgart 1958, 4. Aufl. 1966; ders.: Civitas Humana, Grundfragen der Gesellschafts- und Wirtschaftsreform, Erlenbach-Zürich 1944, 3. Aufl. 1949.

Zum Abschnitt 3.2:

1 Der Verfasser hat sich kritisch mit dieser Politik auseinandergesetzt in: Hermann Sautter: Reagan's neue Wirtschaftspolitik, »Evangelische Kommentare«, 15. Jg., Nr. 2, Febr. 1982, S. 73-76.

2 Vgl. z. B. Friedrich A. von Hayek: »Ungleichheit ist nötig«, »Wirtschaftswoche« Nr. 11 v. 6.3.1981, S. 38: »Gegen die Überbevölkerung gibt es nur die eine Bremse, nämlich daß sich nur die Völker erhalten und vermehren, die sich auch selbst ernähren können.« M. a. W.: Wer sich nicht selbst ernähren kann, hat auch kein Recht zum Leben.

3 Siehe dazu insbesondere Fred Hirsch: Social Limits to Growth, Cambridge, Mass. 1976; dt.: Die sozialen Grenzen des Wachstums, Hamburg 1980, Kap. 8-11.

4 Vgl. dazu: Christof Gaspari, Hans Millendorfer: Konturen einer Wende, Strategien für die Zukunft, Graz-Wien-Köln 1978.

5 Vgl. Friedrich A. von Hayek: »Ungleichheit ist nötig«, a.a.O.: »Ungleichheit ist nicht bedauerlich, sondern höchst erfreulich. Sie ist einfach nötig... Gerade die Unterschiede in der Entlohnung sind es, die den Einzelnen dazu bringen, das zu tun, was das Sozialprodukt erst entstehen läßt« (S. 36f.). Bei George Gilder geht das soweit, daß die scharfe Trennung von Wohnvierteln nach dem sozialen Status und die offene Zurschaustellung des Reichtums als höchst erfreulich gelten, weil sie die individuelle Leistungskraft stimulieren; siehe George Gilder: Wealth and Poverty, New York 1981, S. 92; dt.: Reichtum und Armut, Berlin, 1981 (im Folgenden wird nach der amerikanischen Ausgabe zitiert). Ganz abgesehen von der fragwürdigen ethischen Grundlage dieser Apologie des Neides ist die Lehre Gilders auch ökonomisch gesehen nicht schlüssig. Der Wettlauf um einen höheren Status kann zum Leerlauf werden, insofern es sich dabei um sogenannte »Positionsgüter« handelt (siehe dazu Fred Hirsch: Die sozialen Grenzen des Wachstums, a.a.O.).

6 Vgl. dazu die Antwort von Friedrich A. von Hayek auf die Frage, ob er nicht einem reinen Sozial-Darwinismus das Wort rede: »Beim Darwinismus handelt es sich um eine biologische Entwicklungstheorie. Bei mir geht es um einen gesellschaftlichen Evolutionsprozeß. Wenn Sie schon einen biologischen Vergleich wählen wollen, dann wäre Lamarck eine bessere Referenz als Darwin« (nach der Theorie von Lamarck ist die

Umwandlung der Arten und die Herausbildung zweckmäßiger Organismen auf die Anpassung der Lebewesen an die Einflüsse der Umwelt und die Vererbbarkeit erworbener Eigenschaften zurückzuführen). Siehe Friedrich A. von Hayek: »Ungleichheit ist nötig«, a.a.O., S. 38. Vgl. dazu auch George Gilder: »Rettung durch Kampf... es gibt keine Alternative« (Wealth and Poverty, a.a.O., S. 167).

Zum Abschnitt 3.3:

1 Siehe Erich Geldbach: Einfach-alternativer Lebensstil — historische Modelle, in: Helmut Burkhardt (Hrsg.): Einfacher Lebensstil — ein neuer Maßstab?, Wuppertal 1981, S. 31-42.
2 Der »Bund der religiösen Sozialisten Deutschlands e.V.« gibt dem neunten Gebot folgende moderne Fassung: »Du sollst nicht begehren den Mehrwert deiner Arbeiter und Angestellten« (»Christ und Sozialist«, Blätter des Bundes der religösen Sozialisten Deutschlands e.V., 1/I. Vierteljahr 1982). Wenn man davon ausgeht, daß die Erzielung von »Mehrwert« (= Gewinn) Ziel jedes selbständigen Unternehmers ist, daß eine vollständige Ausschüttung der Gewinne an die Beschäftigten die Lebensfähigkeit jedes Unternehmens gefährden würde, und wenn man sich die marxistische Position zu eigen macht, daß der »Mehrwert« ausschließlich von den »Arbeitern und Angestellten« erwirtschaftet wird, dann wird mit dieser Fassung des neunten Gebotes impliziert, daß Christen keine selbständige Unternehmer sein können.
3 Vgl. dazu: »Die protestantische Ethik und der Geist des Kapitalismus«, »Die protestantischen Sekten und der Geist des Kapitalismus«, »Religiöse Heilsmethodik und Systematisierung der Lebensführung«, in: Johannes Winckelmann (Hrsg.): Max Weber, Die protestantische Ethik I, a.a.O.
4 Max Weber: Die protestantische Ethik ..., a.a.O., S. 188f.
5 George Gilder: Wealth and Poverty, a.a.O.
6 ebenda, S. 73 (eigene Übersetzung, H. S.).
7 ebenda, S. 268 (eigene Übersetzung, H. S.).

Zum Abschnitt 4.1:

1 Erhard Eppler: Wege aus der Gefahr, Reinbek 1981, S. 25.
2 ebenda, S. 50.
3 Iring Fetscher: Überlebensbedingungen der Menschheit, a.a.O., S. 79f.
4 Erhard Eppler: Wege aus der Gefahr, a.a.O., S. 203f.
5 ebenda, S. 179.
6 ebenda, S. 179.
7 ebenda, S. 125.
8 ebenda, S. 212.
9 »Das Überleben sichern«. Bericht der Nord-Süd-Kommission, Köln 1980. Die genannten Zahlen sind im Vorwort von Willy Brandt enthalten.
10 Erhard Eppler: Wege aus der Gefahr, a.a.O., S. 199.

11 Der Vorschlag einer Fleischsteuer wird sehr ausführlich diskutiert bei: Erhard Eppler: Ende oder Wende, Stuttgart usw. 1975, S. 82ff. Die Veränderungen der Weltmarktpreise haben den hier vorwiegend behandelten Teil des Vorschlages inzwischen gegenstandslos gemacht (Produktionsumstellung in der EG auf Getreide, Ausfuhr der Getreideüberschüsse zum höheren Weltmarktpreisniveau, Verwendung der Einnahmen aus Exportabschöpfungen für die Entwicklungshilfe).
12 Vgl. Erhard Eppler: Ende oder Wende, a.a.O., 9. Kapitel.
13 Diese Forderungen macht sich der »Brandt-Bericht« weitgehend zu eigen. Siehe: »Das Überleben sichern«, a.a.O.
14 Zitat aus: Thomas Meyer: Wertwandel, industrielle Gesellschaft und demokratischer Sozialismus, in: Demokratischer Sozialismus, geistige Grundlagen und Wege in die Zukunft, München, 1980, S. 154, zitiert nach: Erhard Eppler, Wege aus der Gefahr, a.a.O., S. 112.
15 Thomas Meyer, a.a.O., S. 161f., zitiert nach: Erhard Eppler: Wege aus der Gefahr, a.a.O., S. 113.
16 ebenda.

Zum Abschnitt 4.2:

1 Erhard Eppler: Wege aus der Gefahr, a.a.O., S. 111. Zur Diskussion um die Nutzung der Kernenergie vgl. auch: Jürgen Heil, Karl-Hermann Mosner, Hermann Sautter: Atomkraft — Ja oder Nein? Wuppertal 1982.
2 Erhard Eppler: Wege aus der Gefahr, a.a.O., S. 54ff.
3 ebenda, S. 212ff.
4 Auch die Vorschläge zur Umrüstung wollen nichts an der Einordnung der Bundesrepublik in die NATO ändern. Vgl. Erhard Eppler: Wege aus der Gefahr, a.a.O., S. 209f.
5 ebenda, S. 82ff.
6 Die niederländische Kirche spricht von der »Illusion, anzunehmen, daß in der Sowjet-Union ... die Rüstungsprogramme ... unter völliger politischer Kontrolle stehen.« Hans-Ulrich Kirchhoff (Hrsg.): Kirche und Kernbewaffnung. Als Handreichung vorgelegt von der General-Synode der Nederlandse Hervormde Kerk, Neukirchen-Vluyn 1981, S. 87.
7 Erhard Eppler: Wege aus der Gefahr, a.a.O., S. 212. Eppler bezieht sich hier auf »pazifistische Positionen«, die in Deutschland auf absehbare Zeit nicht mehrheitsfähig seien.
8 Vgl. dazu das 3. Kapitel sowie die dort angegebenen Literaturhinweise in: Juergen B. Donges: Außenwirtschafts- und Entwicklungspolitik, Berlin usw. 1981.
9 So hat der deutsche Teilnehmer (Georg Picht) einer im Cocoyoc (Mexiko) abgehaltenen Weltwirtschaftskonferenz die Endlösung einer internationalen Rohstoffpolitik beschrieben. Zitiert nach: Erhard Eppler: Wege aus der Gefahr, a.a.O., S. 81.
10 Diese Einwände werden z. B. zusammengestellt in: Bundesministerium für Wirtschaft (Hrsg.): Der wissenschaftliche Beirat im Bundesministerium für Wirtschaft, Gutachten vom November 1976 bis November 1977,

9. Band, Göttingen 1978, Gutachten vom 20.11.1976: »Fragen einer neuen Weltwirtschaftsordnung«, S. 777ff.

[11] Hermann Sautter: »Soziale Marktwirtschaft« als Ordnungsprinzip für die Wirtschaftsbeziehungen zwischen Entwicklungs- und Industrieländern, in: Otmar Issing (Hrsg.): Zukunftsprobleme der Sozialen Marktwirtschaft, Berlin 1981, S. 633-650.

[12] Erhard Eppler: Wege aus der Gefahr, a.a.O., S. 187.

[13] ebenda, S. 62.

[14] Iring Fetscher: Überlebensbedingungen der Menschheit, a.a.O., S. 59.

[15] ebenda, S. 58.

Zum Abschnitt 4.3:

[1] Diese Beispiele werden erwähnt in: Klaus Bockmühl: Der Versuch einer evangelikalen Sozialethik. »Offensive« (Bensheim), 77/5.

[2] Garth Lean: John Wesley — Modell einer Revolution ohne Gewalt. Gießen-Basel, 2. Aufl. 1982.

[3] ebenda, sowie Garth Lean: Wilberforce — Lehrstück christlich-sozialer Reform, Gießen-Basel 1974.

[4,5] Iring Fetscher: Überlebensbedingungen der Menschheit, a.a.O., S. 185.

[6] ebenda, S. 178.

[7] Erhard Eppler: Wege aus der Gefahr, a.a.O., S. 143.

[8] Heinz Zahrnt: Warum ich glaube, München 1977, S. 367, zitiert bei: Erhard Eppler: Wege aus der Gefahr, a.a.O., S. 229f.

[9] ebenda, S. 134.

Zum Abschnitt 5.1:

[1] Vgl. dazu: Hans Walter Wolff: Die Stunde des Amos, a.a.O.

[2] ebenda, S. 108.

[3] Dieser Denkansatz läßt sich vermuten, wenn der »Bund religiöser Sozialisten Deutschlands e.V.« »von *jenen* Reichen und Mächtigen« spricht, »die Not und Elend verursachen« (Jürgen Finnern: Von Vernunft und Einsicht im Reich Gottes, »Christ und Sozialist«, 1/I. Vierteljahr 1982, S. 7. Hervorgehoben vom Verf., H.S.).

[4] Arbeitsgemeinschaft missionarische Dienste (Hrsg.): Höret des Herrn Wort. Sieben Abschnitte aus dem Buch des Propheten Amos zur 44. Bibelwoche 1981/82. Gladbeck 1981, S. 82.

[5] ebenda, S. 80.

[6] ebenda, S. 31.

[7] Vgl. Philip A. Potter (Hrsg.): Das Heil der Welt heute. Dokumente der Weltmissionskonferenz Bangkok 1973, Stuttgart-Berlin (1973), S. 198.

[8] Robert E. Frykenberg (Ed.): Land Tenure and Peasant in South Asia: An Anthology of Recent Research, zitiert bei: Ronald J. Sider: Der Weg durchs Nadelöhr, a.a.O., S. 193.

[9] Helmut Gollwitzer: Die kapitalistische Revolution, a.a.O., S. 76ff.

[10] Hans Christoph Binswanger u.a. (Hrsg.): Wege aus der Wohlstandsfalle, a.a.O., S. 214.

11 Erhard Eppler: Wege aus der Gefahr, a.a.O., S. 132.

12 Olof Palme in einem Beitrag »Ist Zukunft machbar?«, zitiert nach: Iring Fetscher: Überlebensbedingungen der Menschheit, a.a.O., S. 107.

13 Ivan Illich, in: »Neues Forum« (Wien), Sept./Okt. 1979.

14 Martin Heidegger in einem Spiegel-Gespräch, »Der Spiegel«, Nr. 23 (1976), zitiert nach: Iring Fetscher: Überlebensbedingungen der Menschheit, a.a.O., S. 91.

15 Vgl. Malcalm Muggeridge: Mutter Teresa. Leben und Wirken der Friedensnobelpreisträgerin. Herderbücherei 628. Freiburg usw., 1980.

Zum Abschnitt 5.2:

1 Vgl. dazu etwa: Karl Heinz Michel: Zeichenhaft leben. Biblische Richtlinien zu Arbeit und Besitz. Wuppertal 1980.

2 Ausführlicher wird darüber in folgenden Veröffentlichungen geschrieben: Ronald J. Sider: Der Weg durchs Nadelöhr, a.a.O.; Karl Heinz Michel: Zeichenhaft leben, a.a.O.; Einfacher leben ist nicht einfach, Perspektiven für Christen, Wuppertal 1980; Helmut Burkhardt (Hrsg.): Einfacher Lebensstil — ein neuer Maßstab? Wuppertal 1981.

3 Vgl. dazu Klaus Bockmühl: Überlegungen zum Thema »Einfacher Lebensstil«, in: Helmut Burkhardt (Hrsg.): Einfacher Lebensstil...?, a.a.O., S. 7-30. Vgl. auch das Kapitel »Einfaches Leben« in: Richard Foster: Nachfolge feiern. Geistliche Übungen — neu entdeckt. Wuppertal 1982, S. 73ff.

4 Karl Heinz Michel: Einfacher Lebensstil im persönlichen Leben, in: Helmut Burkhardt (Hrsg.): Einfacher Lebensstil...?, a.a.O., S. 59-66, S. 64.

5 Zitiert nach der Wiedergabe in: Helmut Burkhardt (Hrsg.): Einfacher Lebensstil...?, a.a.O., S. 79f.

6 Klaus Bockmühl: Überlegungen zum Thema »Einfacher Lebensstil«, a.a.O., S. 28.

7 Siehe z. B. Carl Amery: Das Ende der Vorsehung. Reinbek 1974.

8 Siehe dazu William Coleman: Providence, Capitalism and Environmental Degradation, English Apologetics in an Era of Economic Revolution. »Journal of the History of Ideas«, 37/1 (1976), S. 27-44; Iring Fetscher: Überlebensbedingungen der Menschheit, a.a.O., S. 83ff.

9 Vgl. Hermann Sautter: »Soziale Marktwirtschaft« als Ordnungsprinzip für die Wirtschaftsbeziehungen zwischen Entwicklungs- und Industrieländern, a.a.O.

10 Ronald J. Sider: Der Weg durchs Nadelöhr, a.a.O., S. 192.

11 Vgl. Eckehardt Knöpfel: Werkbuch Frieden. Christliche Stellungnahmen zum Thema Frieden. Eine Dokumentation. Wuppertal 1983.